VIES ET OEUVRES

DES

PEINTRES LES PLUS CÉLÈBRES

DE TOUTES LES ÉCOLES;

RECUEIL CLASSIQUE,

CONTENANT

L'Œuvre complète des Peintres du premier rang, et leurs Portraits; les principales Productions des Artistes de 2e et 3e classes; un Abrégé de la Vie des Peintres Grecs, et un choix des plus belles Peintures antiques;

RÉDUIT ET GRAVÉ AU TRAIT,

D'après les Estampes de la Bibliothèque nationale et des plus riches Collections particulières;

Publié par C. P. LANDON, Peintre, ancien Pensionnaire du Gouvernement à l'École Française des Beaux-Arts à Rome, Membre de plusieurs Sociétés Littéraires, Éditeur des Annales du Musée.

A PARIS,

Chez C. P. LANDON, rue de l'Université, N° 19, vis-à-vis la rue de Beaune.

IMPRIMERIE DE CHAIGNIEAU AÎNÉ.

1809.

TABLE

DES PLANCHES DE L'OEUVRE

D'EUSTACHE LE SUEUR,

Gravées au trait, soit d'après les tableaux ou dessins originaux, soit d'après les estampes de la Bibliothèque royale, et des plus riches collections particulières, avec quelques indications, et les noms des auteurs des gravures originales.

PLANCHE Ire. PORTRAIT D'EUSTACHE LE SUEUR, peint par lui-même et gravé par *Cochin*, pour sa réception à l'académie.

Histoire sainte et Sujets de piété.

PL. II. MOÏSE EXPOSÉ SUR LES EAUX. Tableau de la galerie Houghton, en Angleterre. Graveurs *Bernard Baron*, 1720; *Richard Read*, 1779.

PL. III. ABRAHAM RENVOIE AGAR. Tableau du Musée royal. Grav. *L. Surugue*, Amst. 1711.

PL. IV. LA NUIT DE NOCE DU FILS DE TOBIE. Tableau de la galerie de Earl. Besborough. Grav. *Ravenet*; *Boydell* exc., 1767.

PL. V. DAVID TUE GOLIATH. Dessin composé pour une thèse de théologie. Grav. *Daret.*

PL. VI. DIEU APPARAÎT A SALOMON PENDANT SON SOMMEIL. *Ex museo Claudii Potier.* Grav. *Bernard Picart*; *Séb. le Clerc.*

PL. VII. LA REINE DE SABA REND HOMMAGE A SALOMON. De la collection du duc de Devonshire. Grav. *Gabriel Smith*; *Boydell* exc., 1767.

PL. VIII. FRONTISPICE pour une édition du petit office de la Vierge. *Diurnale Cartusiense*, etc. Grav. *Abraham Bosse.*

TABLE DES PLANCHES

Pl. IX. Portrait de la Vierge dans un médaillon porté par des Anges. Grav. *Petr. Daret,* 1647.

Pl. X. La Salutation Angélique. Grav. *A. Bosse.*

Pl. XI. La Salutation Angélique. Tableau du Musée royal. *Inédit.*

Pl. XII. La Vierge et l'Enfant-Jésus, S. Jean et S. Joseph. Grav. *E. le Sueur.* — La Vierge et l'Enfant-Jésus. Grav. *Daret.*

Pl. XIII. L'Adoration des Bergers. Du cabinet de M. Morel de Vindé, pair de France. Dessin à la mine de plomb, très-légèrement lavé de bistre. *Inédit.*

Pl. XIV. La Sainte Famille, dans un paysage : un Ange apporte la croix et la couronne d'épines. Grav. *Mozin.*

Pl. XV. La Sainte Famille, dans un paysage : deux Anges présentent des fruits à l'Enfant-Jésus ; sans nom de graveur. Chez *Quenault,* proche Saint-Hilaire.

Pl. XVI. La Présentation au Temple. Grav. *Duflos ; Bonnard.*

Pl. XVII. Jésus au milieu des Docteurs.

Pl. XVIII. Jésus ramené du Temple. Vitrail peint par Perrin, d'après le Sueur ; conservé au Musée des Petits-Augustins. *Inédit.*

Pl. XIX. Le Baptême de Notre-Seigneur. Grav. *Fr. Bartolozzi.*

Pl. XX. Jésus guérit un Aveugle. Grav. *Surugue ; Ponce.*

Pl. XXI. Jésus près d'une statue de femme, représentant la Loi nouvelle. Composition mystique, du cabinet de M. Morel de Vindé ; dessin à la pierre noire sur papier blanc. *Inédit.*

Pl. XXII. Jésus chez Marthe et Marie. Peint pour l'église de Saint-Germain-l'Auxerrois. Grav. *Leclerc ; Ben. Audran ; Picart le Romain ; Drevet* exc.

Pl. XXIII. La Résurrection du Lazare. Grav. *Avril.*

Pl. XXIV. La Flagellation. Grav. *Masquelier le jeune.*

Pl. XXV. Jésus portant sa croix. Tableau du Musée royal. *Inédit.*

Pl. XXVI. La Descente de croix. Tableau du Musée royal. Grav. *Cl. Duflos.*

Pl. XXVII. Le Christ au tombeau. Grav. *Lubin.*

Pl. XXVIII. Le Christ apparaît a la Madeleine. Tableau du Musée royal : sans nom de graveur. Chez *Gantrel.*

Pl. XXIX. L'Incrédulité de Saint-Thomas. Chez *Gantrel.*

Pl. XXX. S. Charles Borromée en prières. Grav. *de Poilly; Couvay.* — Tête de Vierge. Grav. *Mozin.*

Pl. XXXI. Sainte Scholastique, accompagnée de trois Anges ; des Apôtres S. Pierre et S. Paul et de deux Vierges couronnées de fleurs, apparaît à S. Benoît après sa mort. Ce Tableau, l'un des trois que le Sueur avait peint pour l'abbaye de Marmoutiers, près la ville de Tours, est l'un de ses meilleurs ouvrages. Après la suppression de cette abbaye, le Tableau passa au Musée de Tours, d'où il fut tiré pour être placé au Musée du Louvre. *Inédit.*

Pl. XXXII. La Vierge et l'Enfant-Jésus apparaissent à César de Bus, fondateur de la Congrégation de la Doctrine chrétienne. Grav. *Couvay.*

Pl. XXXIII. Apparition de S. Gervais et de S. Protais a S. Ambroise de Milan. Grisaille sur verre, du Musée des Petits-Augustins, par Perrin, d'après le Sueur. *Inédit.*

Pl. XXXIV. S. Ambroise cherchant les reliques de S. Protais. Ce Tableau est le pendant du précédent et fait partie du même Musée. *Inédit.*

Pl. XXXV. Décoration, en grisaille, d'une des portes du cloître des Chartreux de Paris. C'est dans ce cloître que le Sueur a représenté, en vingt-trois Tableaux, l'histoire de S. Bruno, fondateur de l'ordre.

Pl. XXXVI. Prédication du Docteur Raymond. Ce Tableau et les vingt-deux suivans, dont les figures ont environ trois pieds de proportion, avaient été peints sur bois. Ils ont été enlevés du cloître, remis sur toile et soigneusement restaurés. Ils sont maintenant placés au palais du Luxembourg, et décorent une salle particulière qui fait suite à la galerie de Rubens. François *Chauveau* a gravé cette collection, publiée en un volume.

Pl. XXXVII. Le Docteur Raymond au lit de la mort.

TABLE DES PLANCHES

Pl. XXXVIII. Résurrection du Docteur Raymond.

Pl. XXXIX. S. Bruno prosterné devant le Crucifix.

Pl. XL. S. Bruno enseigne la théologie.

Pl. XLI. S. Bruno engage ses Disciples a quitter le monde.

Pl. XLII. S. Bruno et ses Compagnons, avant de partir pour Grenoble, distribuent tous leurs biens aux pauvres.

Pl. XLIII. Trois Anges apparaissent a S. Bruno pendant son sommeil, et l'instruisent de ce qu'il doit faire.

Pl. XLIV. S. Bruno arrive a Grenoble et se présente a S. Hurugue, évêque de cette ville.

Pl. XLV. S. Bruno et ses Compagnons a cheval, conduits par S. Hurugue, se rendent dans la vallée qui leur a été accordée pour retraite.

Pl. XLVI. S. Bruno examine le plan qu'on lui présente de l'église et des cellules qu'il fait construire, premier établissement des Chartreux en 1084.

Pl. XLVII. S. Hurugue donne a S. Bruno et a ses Compagnons l'habit blanc de leur ordre.

Pl. XLVIII. Le pape Victor III confirme l'institution des Chartreux.

Pl. XLIX. S. Bruno revêt l'habit a plusieurs personnes qui embrassent son ordre.

Pl. L. S. Bruno reçoit un bref du pape Urbain II, son disciple, qui l'invite a venir le trouver a Rome pour l'aider de ses conseils.

Pl. LI. S. Bruno, arrivé a Rome, se prosterne devant Urbain II.

Pl. LII. S. Bruno, a genoux devant le pape, refuse la mitre d'archevêque qu'il lui offre.

Pl. LIII. S. Bruno, retiré dans les déserts de la Calabre, prie Dieu dans sa cellule.

Pl. LIV. Roger, comte de Sicile et de Calabre, étant à la chasse, est conduit par hasard vers la solitude de S. Bruno. Il descend de cheval et s'agenouille devant lui.

Pl. LV. S. Bruno apparaît en songe au comte Roger. Il lui donne avis de la trahison de l'un de ses commandans.

Pl. LVI. Mort de S. Bruno.

Pl. LVII. S. Bruno est porté au ciel par des Anges.

Pl. LVIII. Un architecte présente le plan de la chartreuse de Rome.

Pl. LIX. Plan de la chartreuse de Paris porté par deux anges.

Pl. LX. Dédicace d'une église. Ce dernier sujet, qui paraît étranger à l'histoire de S. Bruno, fait néanmoins partie de la collection. Les quatre extrémités du petit cloître des Chartreux étaient décorés de quatre tableaux représentant des vues des chartreuses de Rome, de Pavie, de Grenoble et de Paris. Un de ces tableaux, la Chartreuse de Pavie, a été perdu. *Inédit.*

Pl. LXI. S. Gervais et S. Protais refusent de sacrifier aux idoles. Ce tableau, l'un des derniers ouvrages de le Sueur, fut exécuté pour servir de modèle à une tenture de tapisserie que la paroisse de S. Gervais et de S. Protais voulait faire faire pour représenter l'histoire de ces Saints. Le Sueur avait composé un second tableau de leur martyre (c'est celui qui fait le sujet de la planche suivante). La mort l'ayant empêché de le terminer, il fut achevé par Thomas Goulay, son élève et son beau-frère. Après avoir été exposés dans l'église de Saint Gervais et de Saint Protais, jusqu'à l'époque de la révolution, le premier des deux tableaux a passé au Muséum du Louvre, le second au Muséum de Versailles.

Pl. LXII. Le Martyre de S. Gervais et de S. Protais. (Voyez l'article précédent.)

Pl. LXIII. Le Martyre de S. Gervais. Grav. *Picart le Romain.*

Pl. LXIV. Le Martyre de S. Protais. Grav. *G. Audran.*

Pl. LXV. S. Paul guérit un possédé. Tableau peint pour la salle des Maîtres de Saint-Luc.

Pl. LXVI. S. Paul prêchant a Éphèse. Ce tableau, reconnu pour être le chef-d'œuvre de le Sueur, et l'une des plus belles productions de l'Ecole française, avait été peint pour l'église de Notre-Dame. Il fait maintenant partie du Musée royal. Grav. *Picart le Romain.*

Pl. LXVII. S. Paul prêchant a Éphèse. Même sujet que le précédent. C'est la première pensée de celui que le peintre exécuta pour l'église de Notre-Dame, mais avec des changemens si considérables, que ce sont deux compositions absolument différentes. Félibien, qui a cité et décrit celui-ci dans ses *Entretiens sur les Vies et les Ouvrages des grands Peintres*, l'avait vu dans le cabinet de M. le Normand, greffier en chef du Grand-Conseil, et secrétaire du Roi. On ignore où ce tableau a passé. Grav. *Benoît Audran.*

Pl. LXVIII. Sujet tiré des Actes des Apôtres. Les Veuves se présentèrent à Pierre en pleurant et lui montrant les robes que Dorcas leur faisait. Chap. 9, vers. 30. Grav. *Cl. Duflos.*

Pl. LXIX. Le Martyre de S. Laurent. Le Sueur peignit ce tableau pour l'église de Saint-Germain-l'Auxerrois. Ce morceau n'existe plus. Grav. *G. Audran.*

Pl. LXX. Le Martyre de S. Etienne. Grav. *Aliamet; Boydell* exc.

Pl. LXXI. Les quatre Évangélistes. Grav. *Audran.* — Deux Docteurs de l'Église. Frontispice pour le Recueil des Œuvres de S. Augustin et de Tertulien. Grav. *Daret.*

Mythologie, Histoire et Allégories.

Pl. LXXII. La Naissance de l'Amour. Ce Tableau et les dix-huit sujets suivans furent exécutés pour le président de Thorigny, dans sa maison de l'Isle Notre-Dame, nommée depuis l'Hôtel Lambert. Cette suite est connue sous les titres de *Salon de l'Amour*, *Appartement des bains*, et *Cabinet des Muses.* Elle a été gravée et publiée en un volume *in-fol.* Le sujet de la pl. 72 a été gravé par *Desplaces.*

Pl. LXXIII. Vénus présente l'Amour a Jupiter. Grav. *Idem.*

D'EUSTACHE LE SUEUR.

Pl. LXXIV. L'Amour reçoit l'hommage des Dieux. Gr. *Idem.*
Pl. LXXV. L'Amour ordonne a Mercure d'annoncer son pouvoir a l'Univers. Grav. *Idem.*
Pl. LXXVI. L'Amour, réprimandé par sa mère, se réfugie dans les bras de Cérès. Grav. *Idem.*
Pl. LXXVII. L'Amour dérobe le foudre de Jupiter. Grav. *Beauvais.*
Pl. LXXVIII. Diane sur son char. Grav. *Duflos.*
Pl. LXXIX. Diane et Actéon. Grav. *Idem.*
Pl. LXXX. Diane et Calysto. Grav. *Idem.*
Pl. LXXXI. Phaéton demande a son père la conduite de son char. Grav. *Charles Dupuis.*
Pl. LXXXII. Enlèvement de Ganimède. Grav. *Beauvais.*
Pl. LXXXIII. Un Fleuve et une Nayade. Grav. *B. Picart.*
Pl. LXXXIV. Le Triomphe de Neptune. Grav. *Duflos.*
Pl. LXXXV. Le Triomphe d'Amphitrite. Grav. *Idem.*
Pl. LXXXVI. Clio, Euterpe et Thalie. Grav. *Idem.*
Pl. LXXXVII. Melpomène, Erato, Polymnie. Gr. *Duchange.*
Pl. LXXXVIII. Uranie. Grav. *Picart.*
Pl. LXXXIX. Terpsichore. Grav. *Idem.*
Pl. XC. Calliope. Grav. *Idem.*
Pl. XCI. Le Parnasse. Grav. *Jacques Coelemans*, à Aix.
Pl. XCII. Le Sommeil de Vénus. Grav. *Daret.*
Pl. XCIII. Le Repos de Diane. Grav. *Henriquez.*
Pl. XCIV. Jupiter et Antiope. Grav. *Nic. Dorigny.*
Pl. XCV. Le Concert de Psyché. Dessein du cabinet de M. Morel de Vindé. *Inédit.*
Pl. XCVI. Sacrifice a Jupiter.
Pl. XCVII. Sacrifice a Junon.
Pl. XCVIII. Le Songe de Poliphyle. Grav. *Daret; Boulliard.*
Pl. XCIX. La Vertu au Roi. Grav. *Daret.*
Pl. C. Minerve, Louis XIV enfant, le Cardinal Mazarin. Grav. *Idem.*
Pl. CI. Allégorië. Grav. *Idem.*

Pl. CII. Allégorie. Grav. *Idem*, 1647.

Pl. CIII. Frontispice pour la Vie du duc de Montmorency. Sur le bord de la barque est inscrite cette devise : *l'un me pousse, l'autre me guide.* Grav. *Daret.*

Pl. CIV. La Doctrine des Mœurs. Frontispice. Sur l'écriteau que soutient le Temps, on lit ces mots : *Universa historia profana, in certa capita per annorum decadas digesta, auctore Jacobo Goutoulas Tolosano, Societatis Jesu.* Grav. *Masne.*

Pl. CV. Trait de piété filiale, ou Cléobis et Biton. Dessin du cabinet de M. Morel de Vindé. *Inédit.*

Pl. CVI. Imprudence du roi Candaule. Du cabinet of Mathews, esqr. Grav. *J. Shutt.*

Pl. CVII. Darius fait ouvrir le tombeau de Nitocris, reine des Babiloniens. Grav. *B. Picart*, 1725.

Pl. CVIII. Confiance d'Alexandre dans son médecin. Tableau de la galerie d'Orléans, passé en Angleterre. Grav. *B. Audran*, 1711.

Pl. CIX. Néron fait déposer les cendres de Germanicus. Grav. *J. S. Müller.*

Pl. CX. Deux sujets allégoriques. Le deuxième attribué à Nicolas le Sueur. Dessin du cabinet de S. Exc. le premier ministre de Brul. Grav. *Oesterreich.*

Fin de la Table des Planches de l'Œuvre d'Eustache le Sueur.

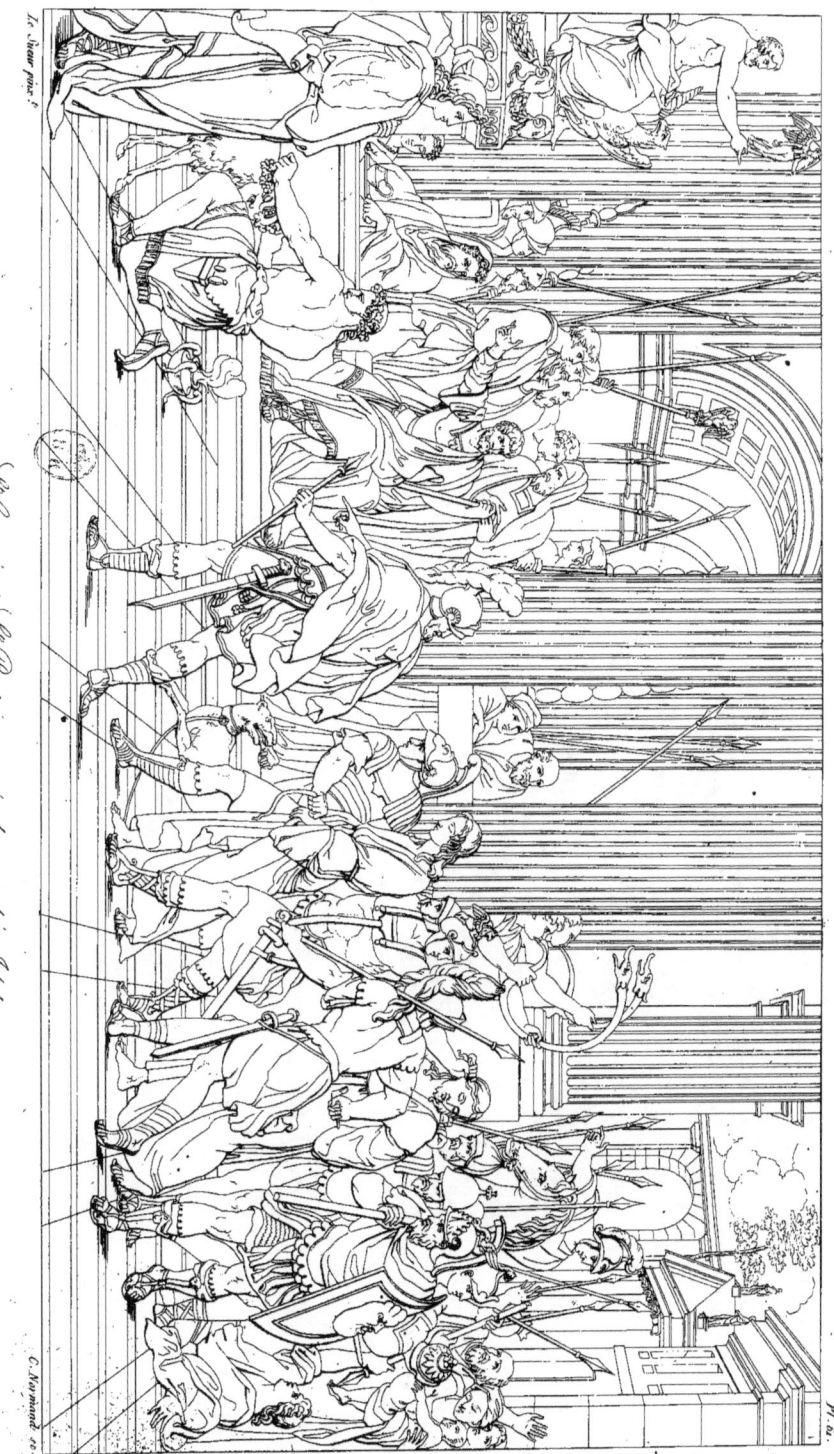

St. Gervais et St. Protais amenés devant les Idoles.

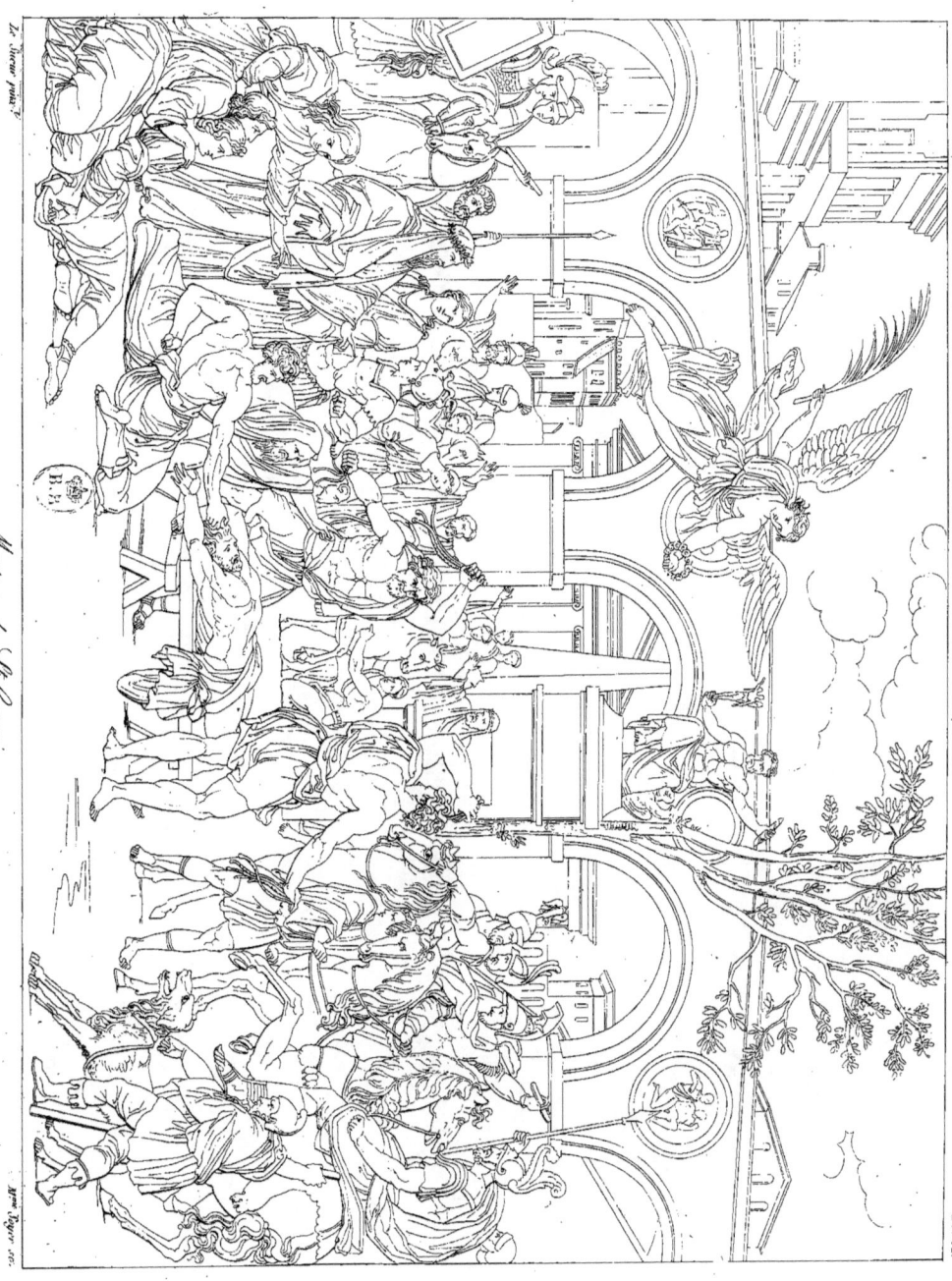

Martyre de St Gervais.

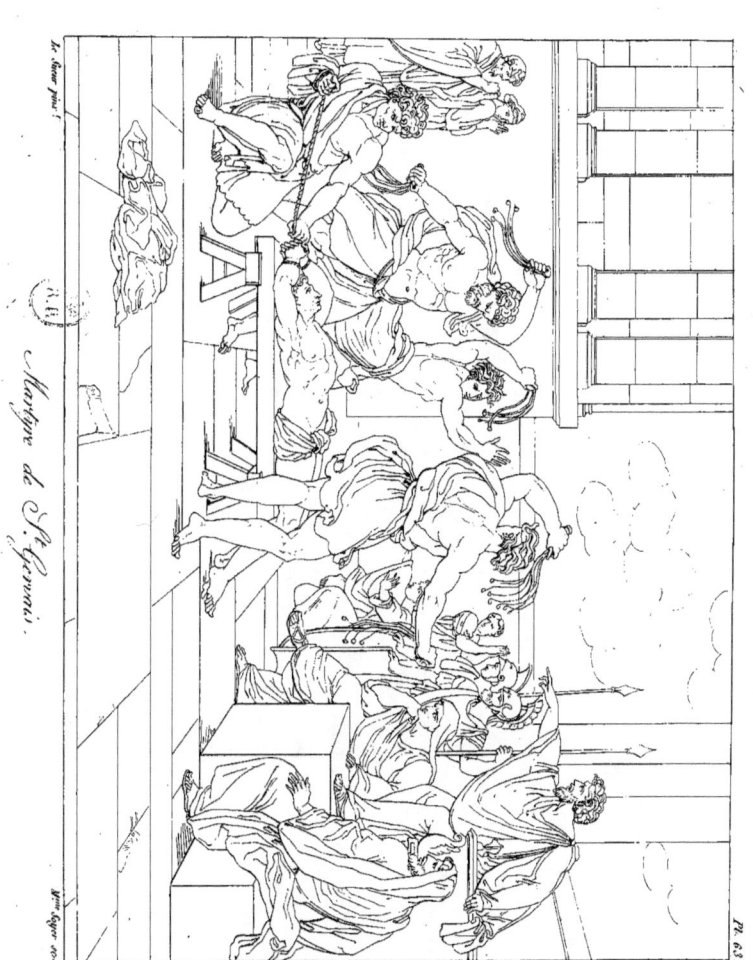

Martyre de St. Étienne.

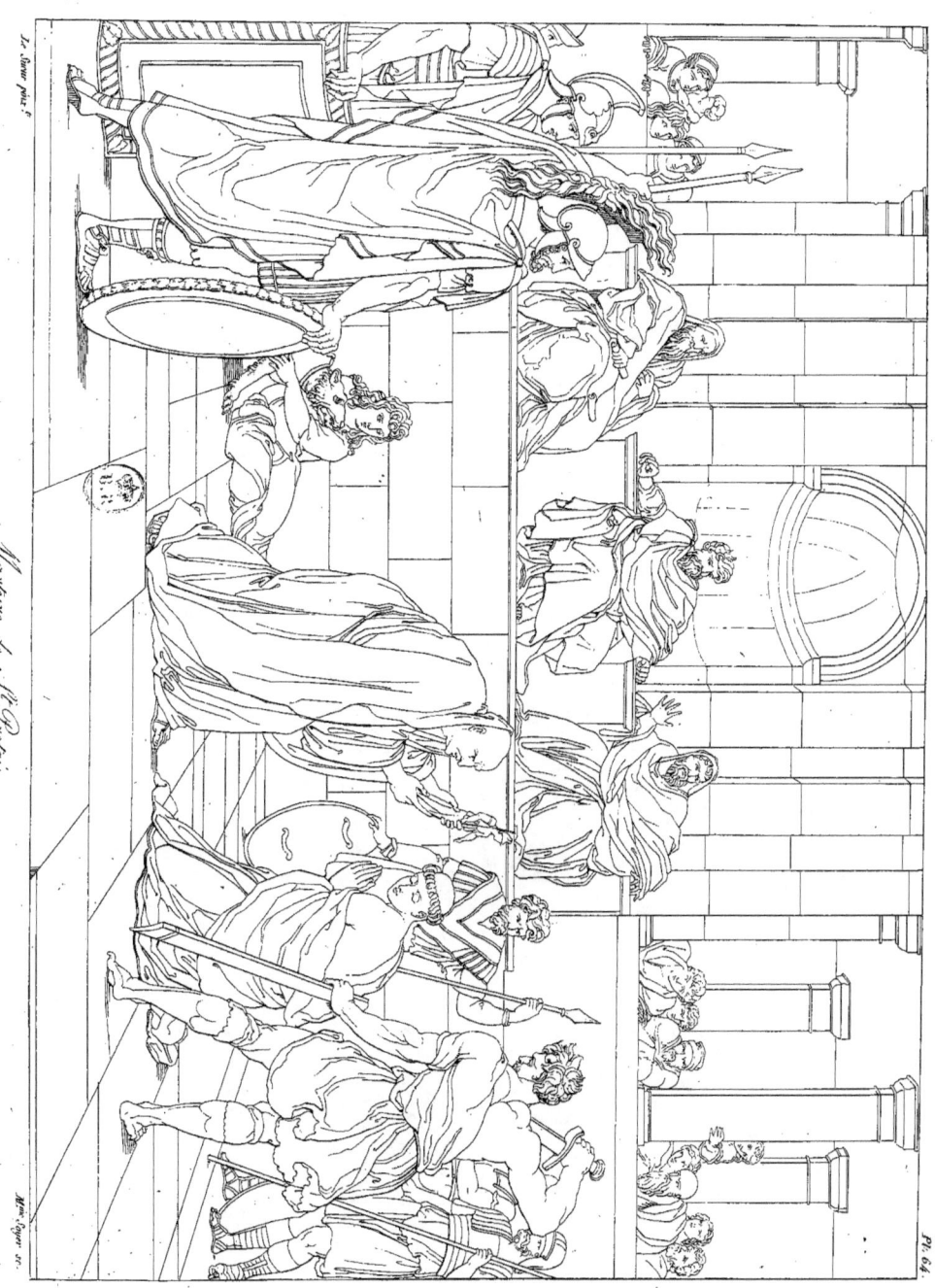

Martyre de St Protais.

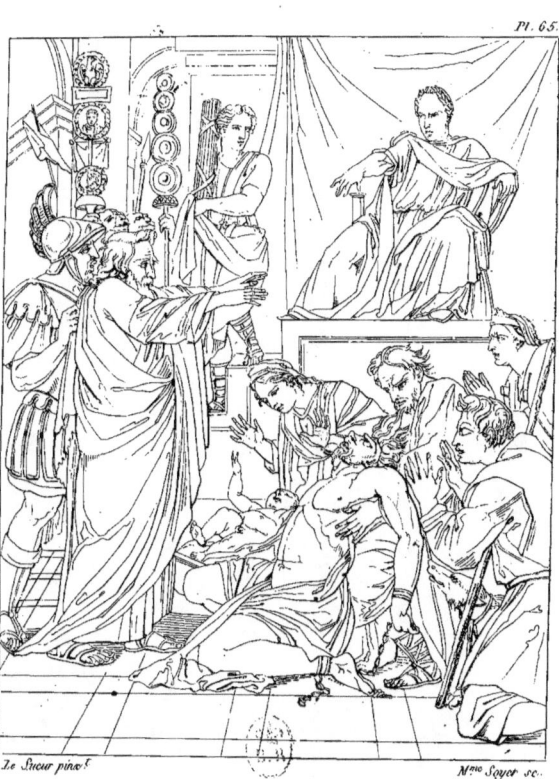

St. Paul opère des miracles.

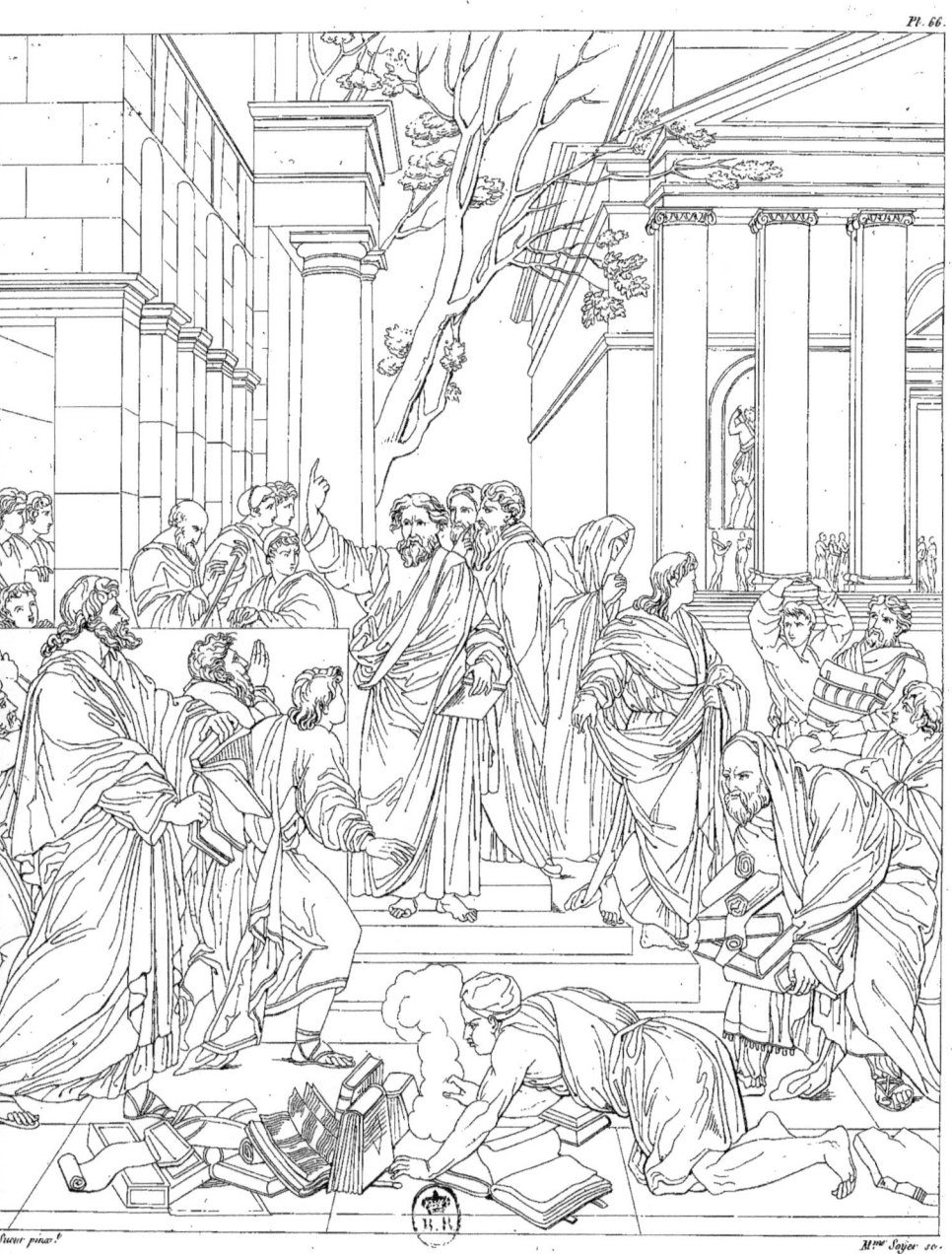

Prédication de St Paul à Éphèse.

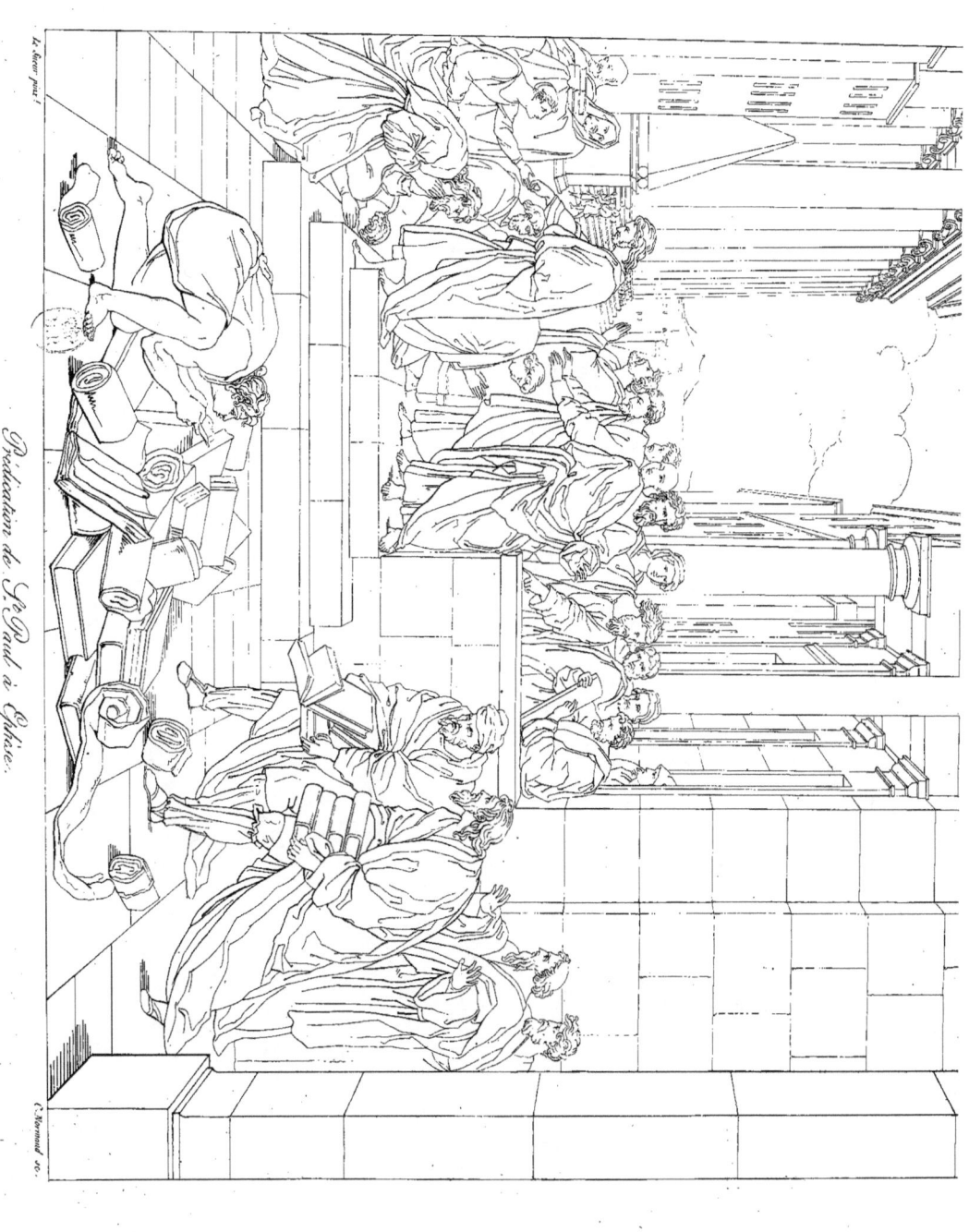

Prédication de St. Paul à Ephèse.

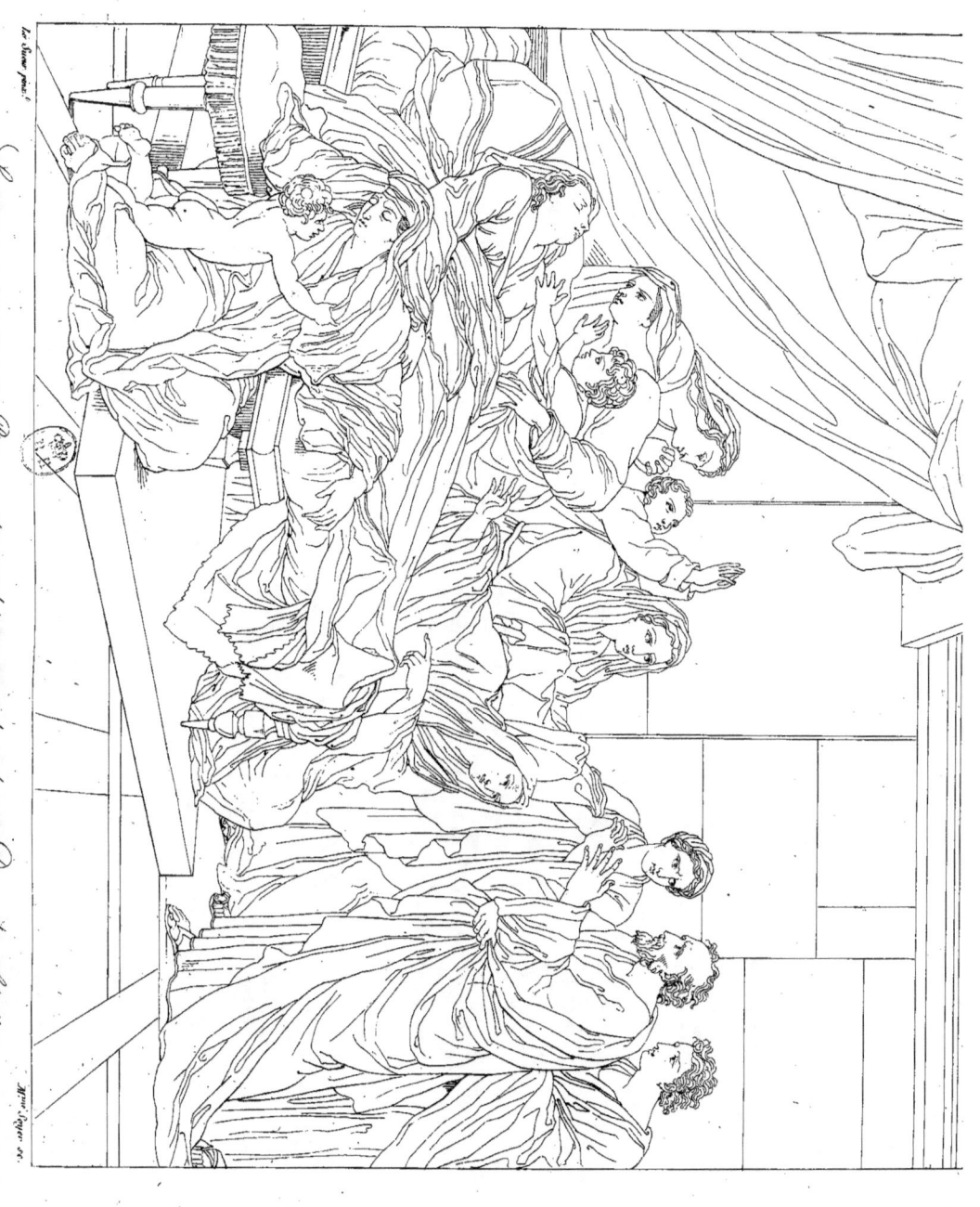

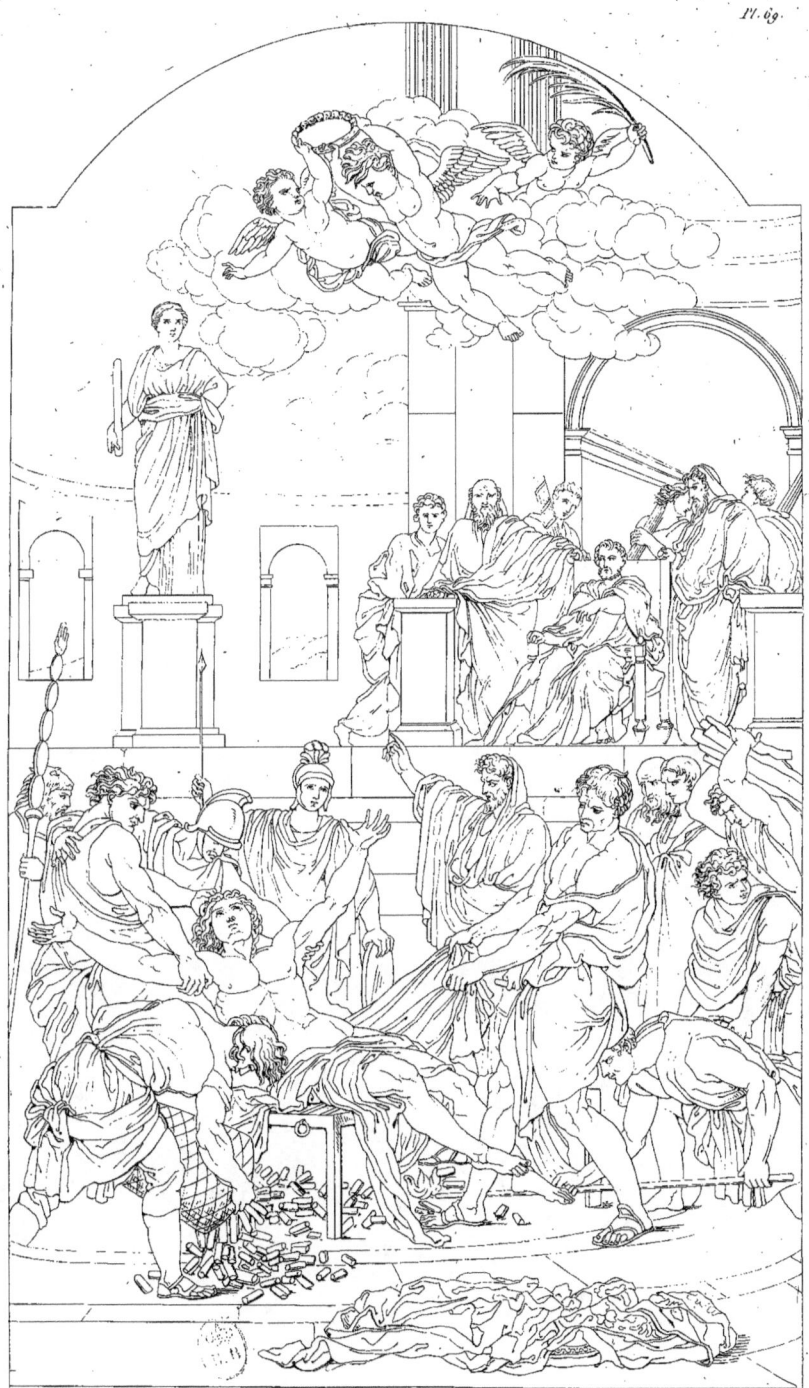

Martyre de St Laurent

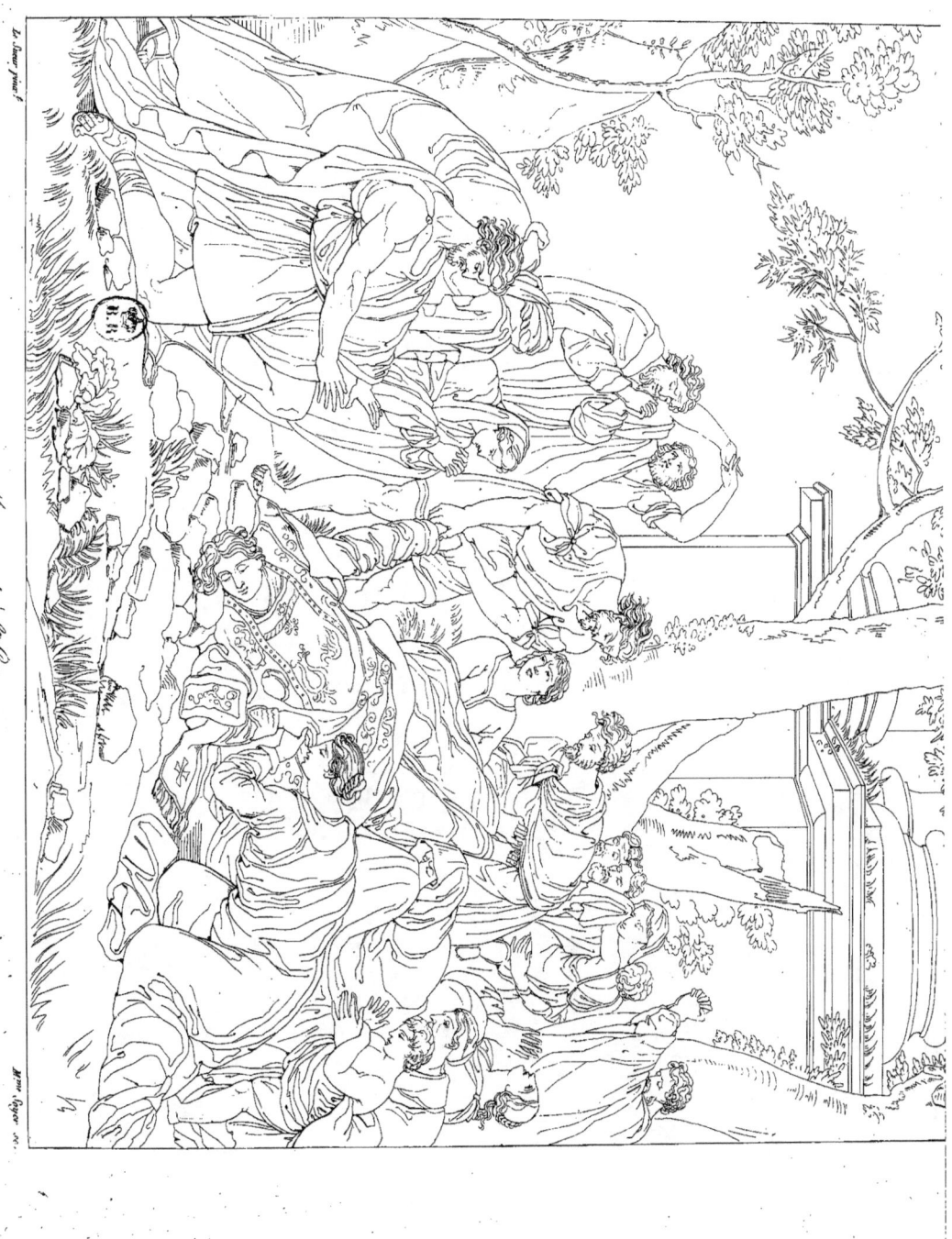

Martyre de St. Etienne.

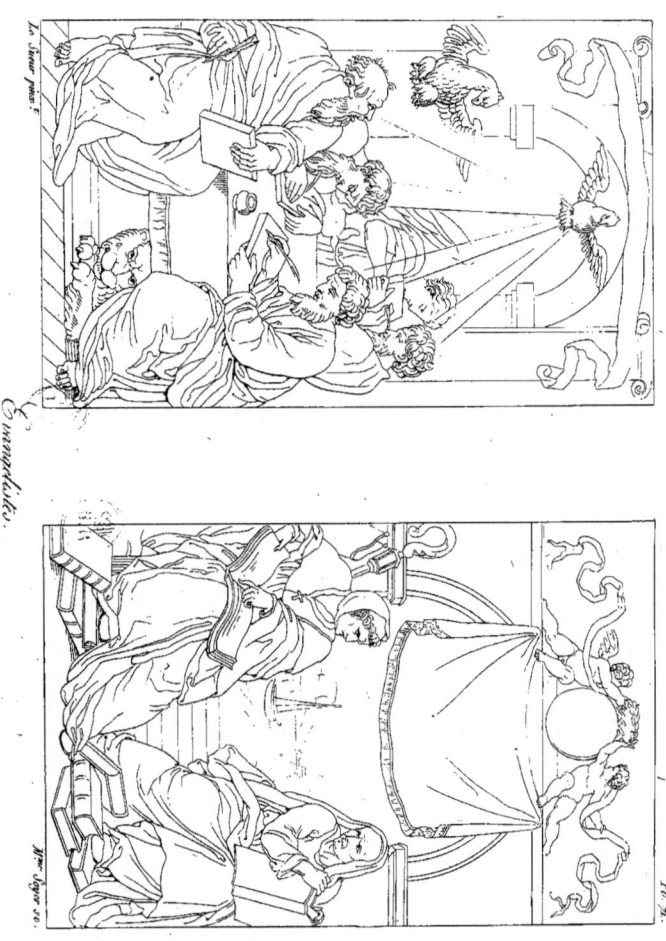

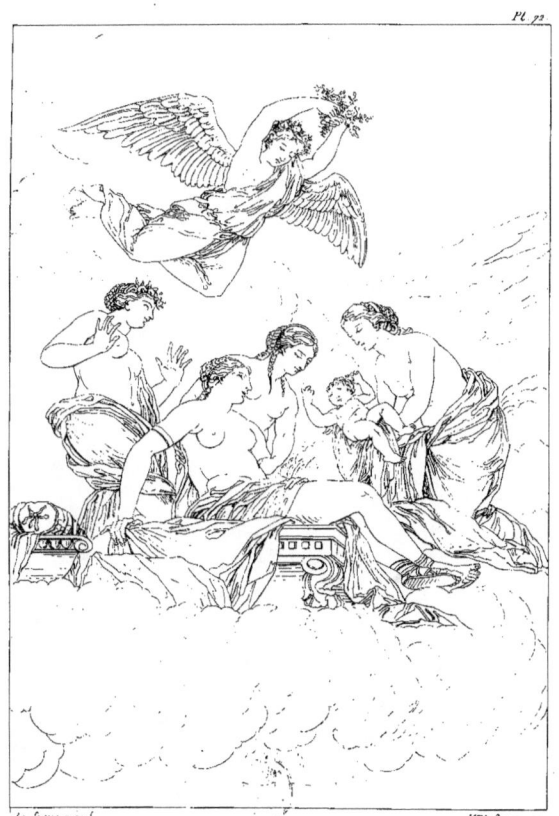

Naissance de l'Amour.

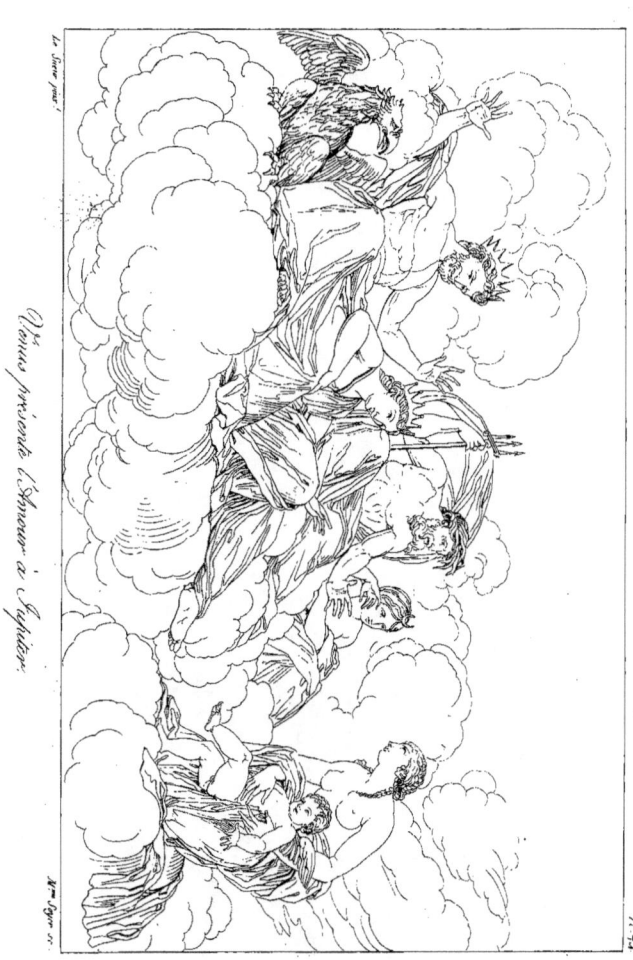

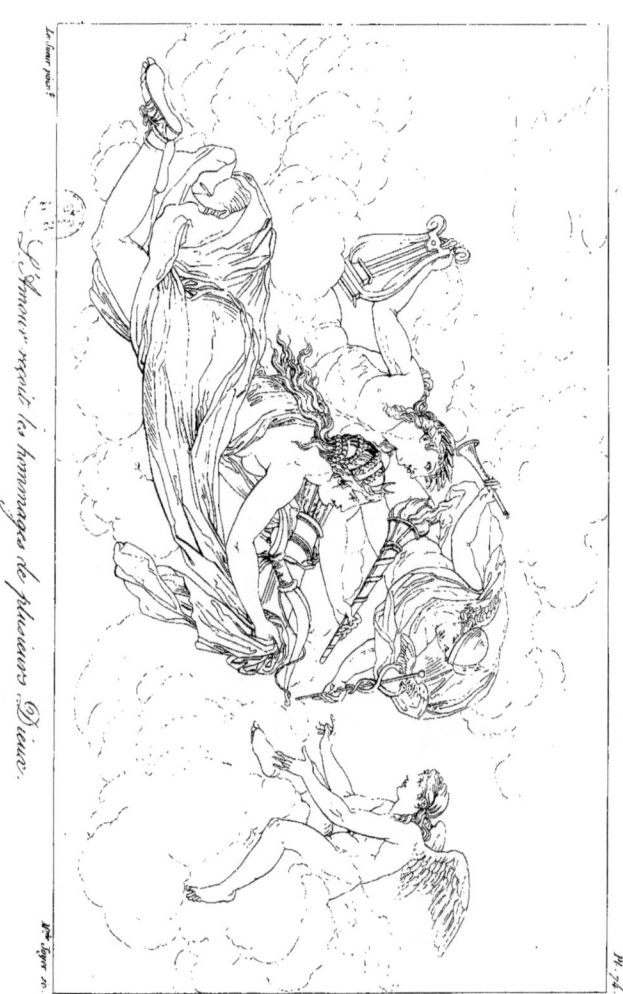

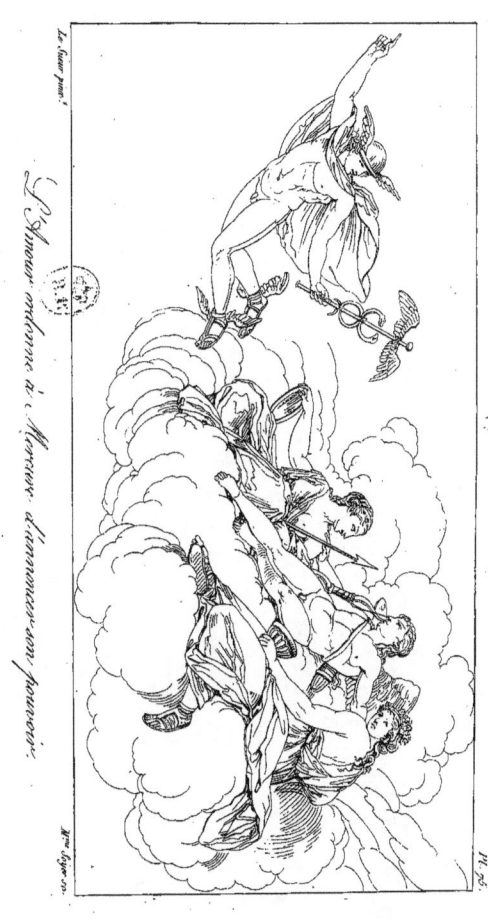

L'Amour ordonne à Mercure d'annoncer son pouvoir.

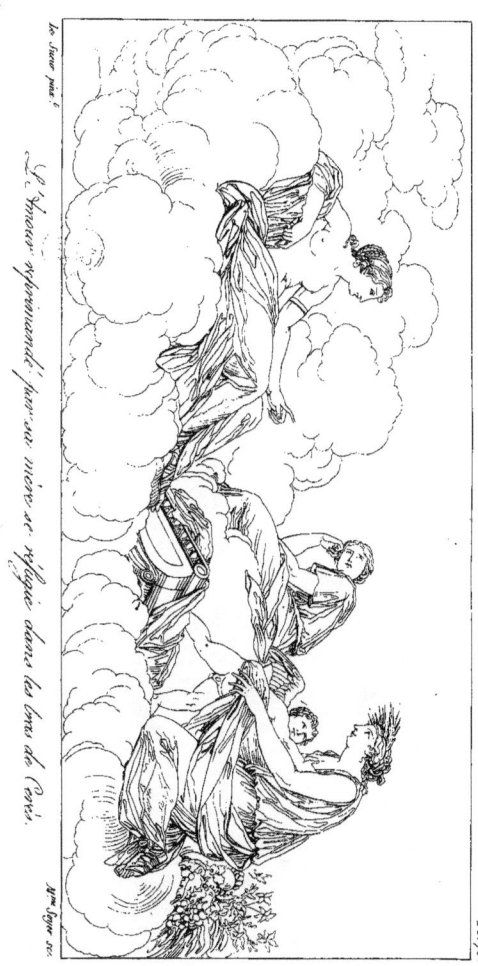

Le Sueur pinx.
Mme Soyer sc.

L'Amour soupçonnant s'être vu mourir se réfugie dans les bras de Cérès.

Pl. 76.

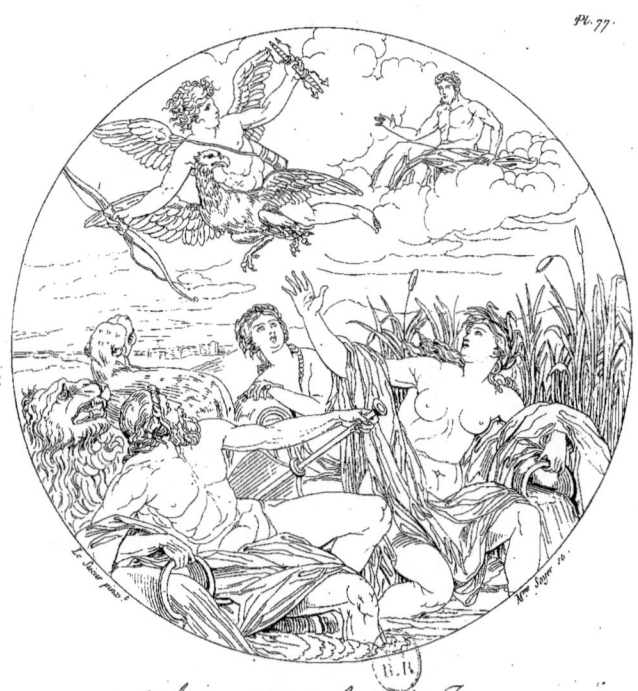

L'Amour dérobe la foudre de Jupiter.

/

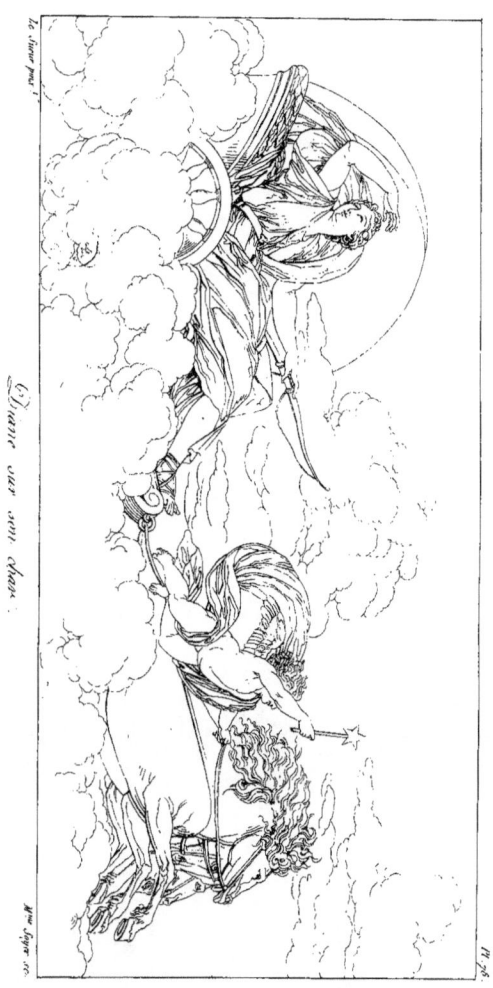

Diane sur son char.

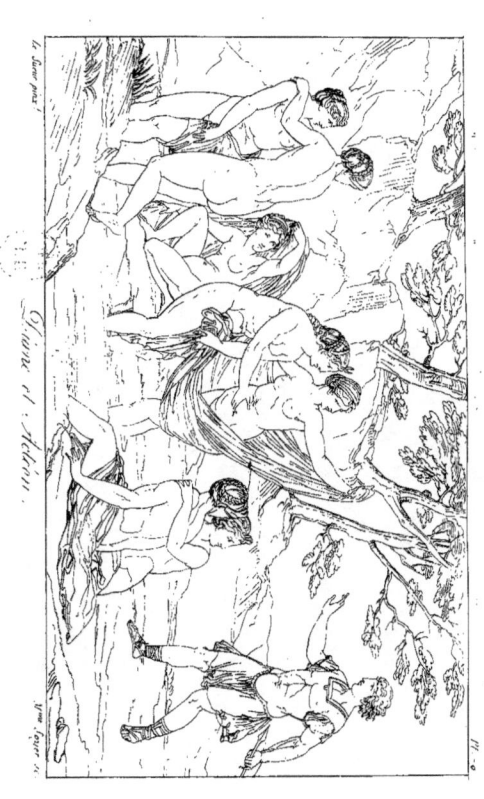

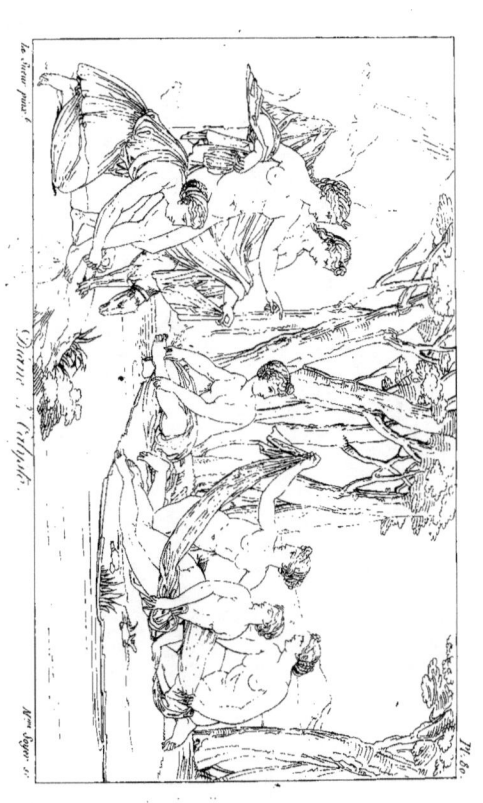

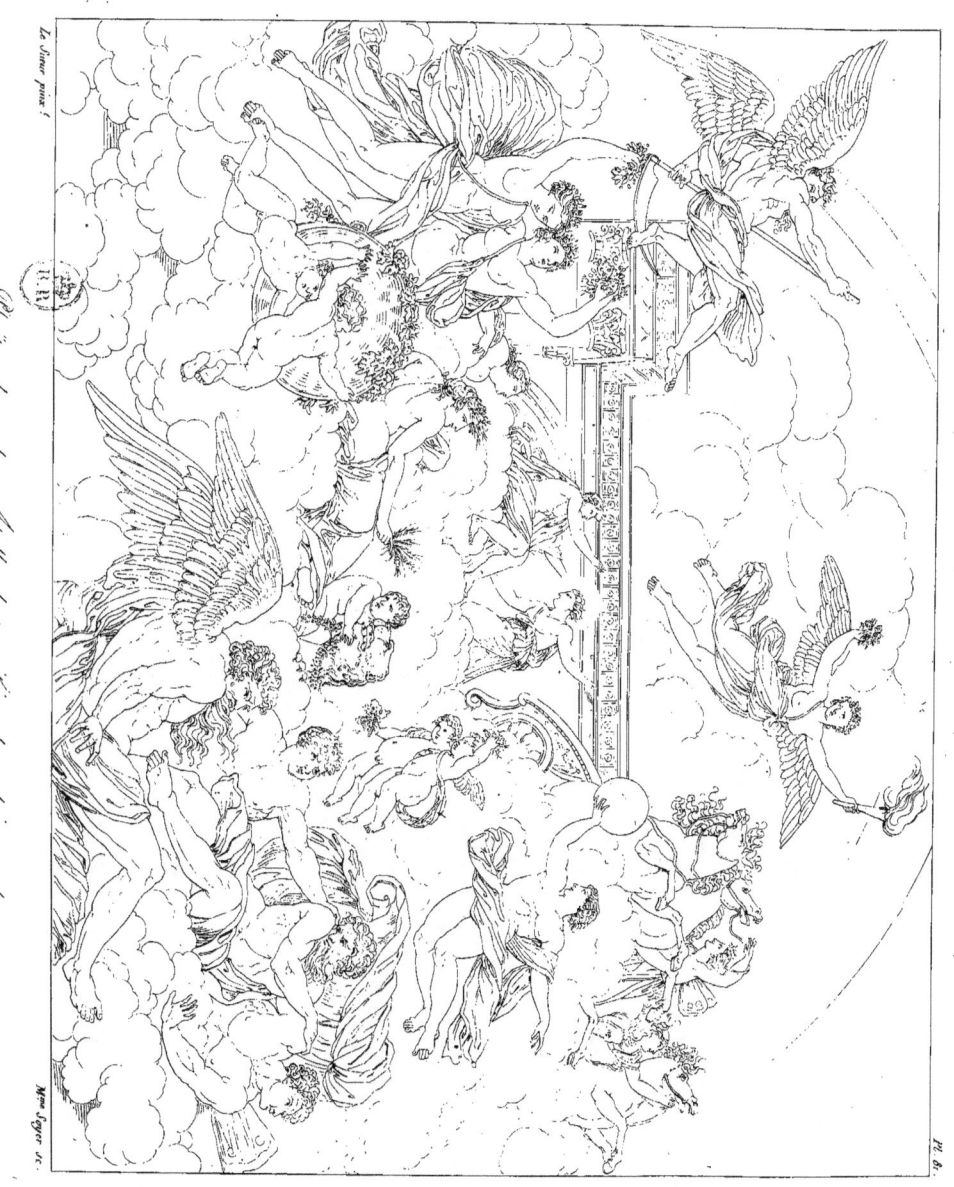

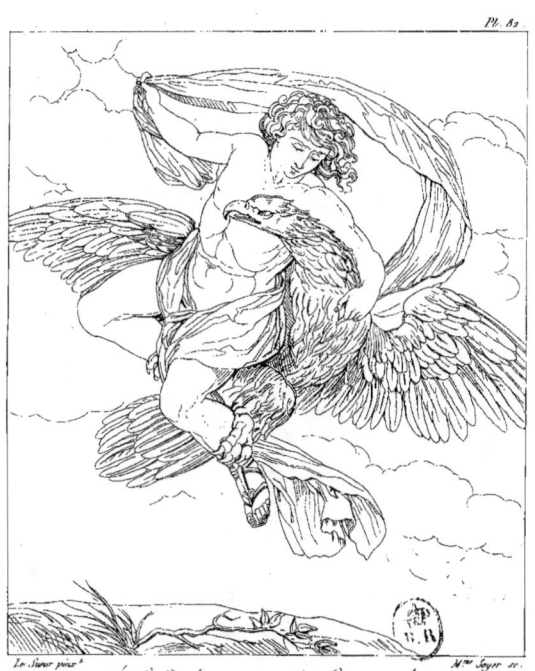

L'Enlèvement de Ganimède.

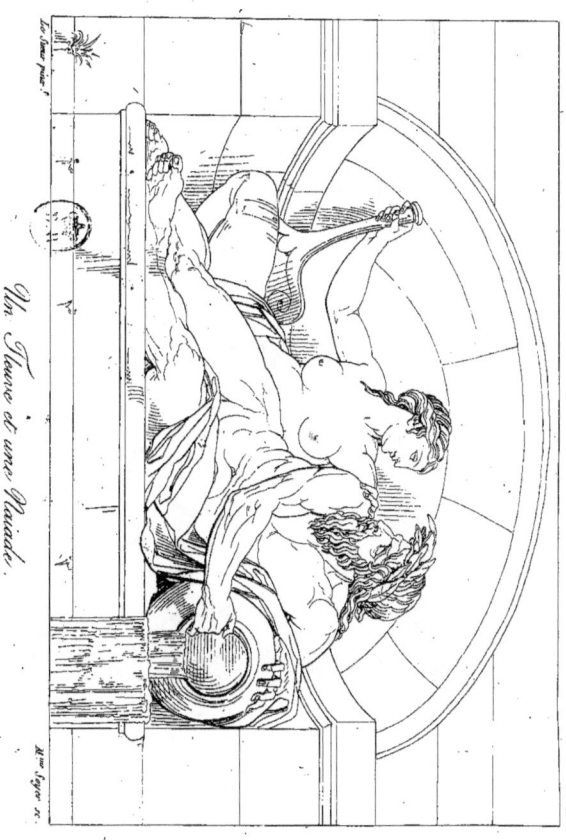

Un Faune et une Naïade.

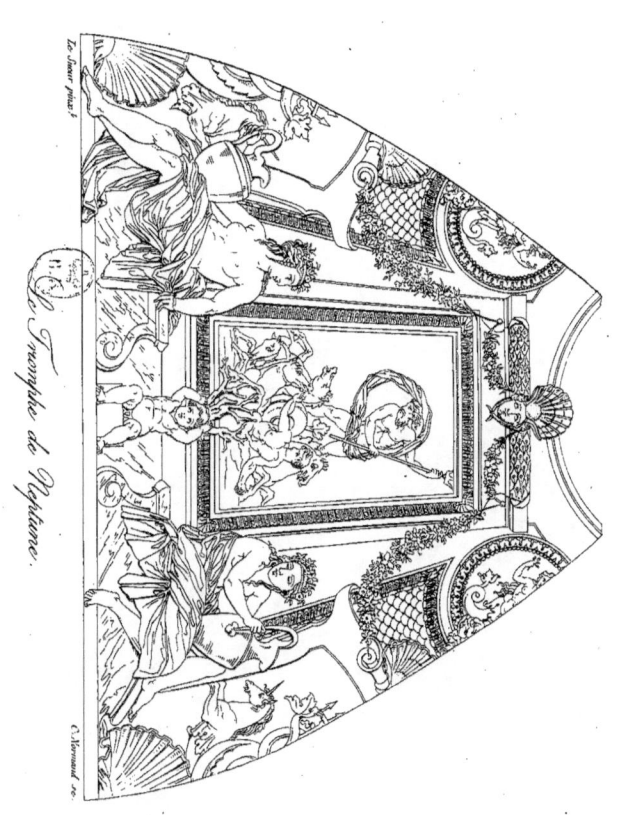

Le Triomphe de Neptune.

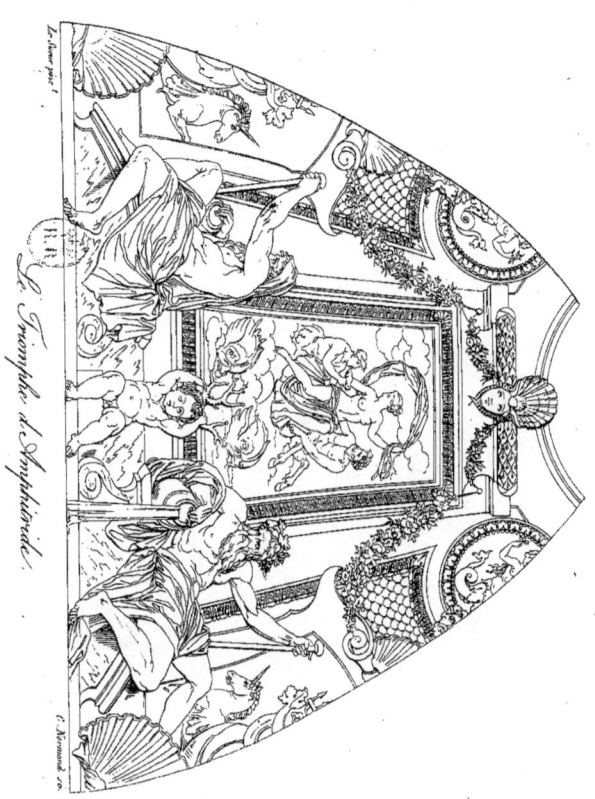

Le Triomphe d'Amphitrite.

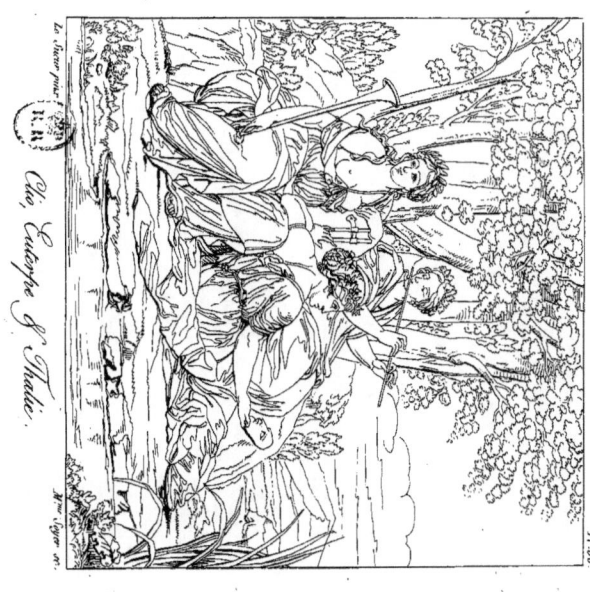

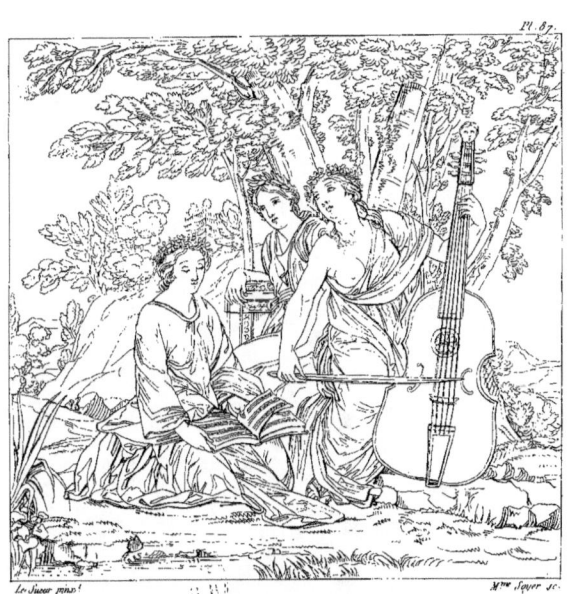

Melpomene, Erato, Polymnie.

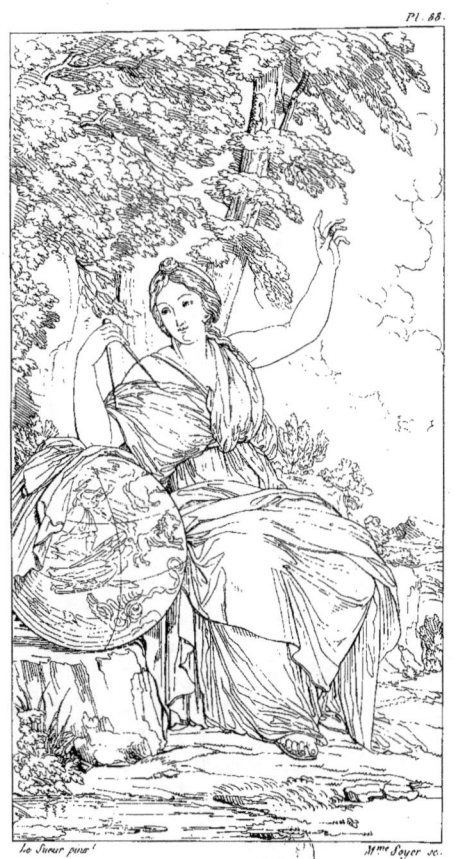

Uranie.

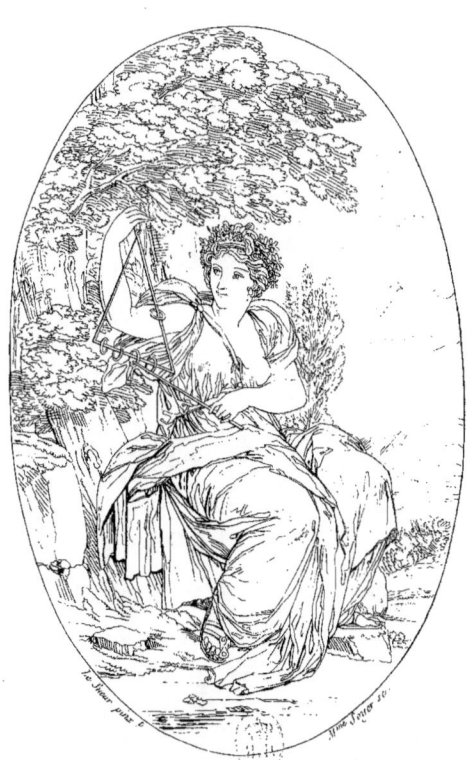

Therpsichore.

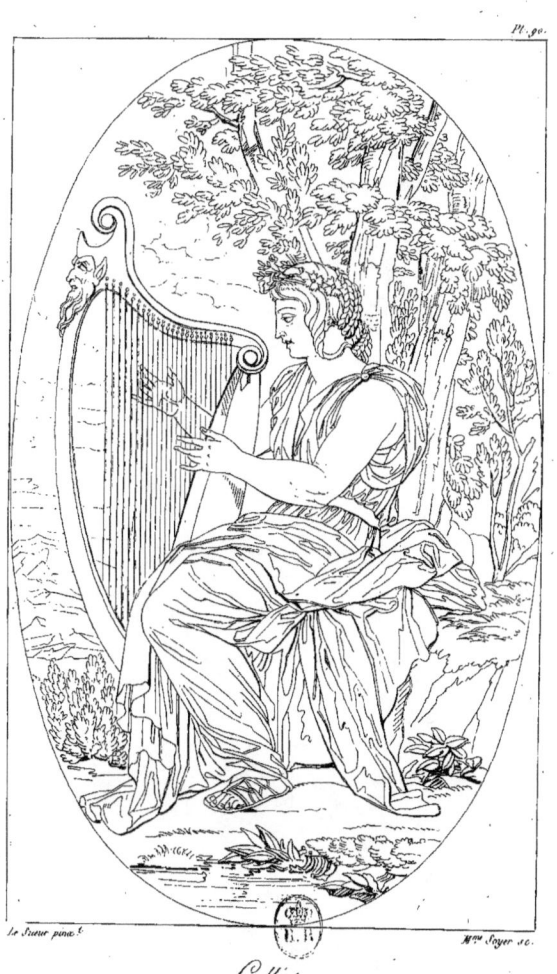

Calliope.

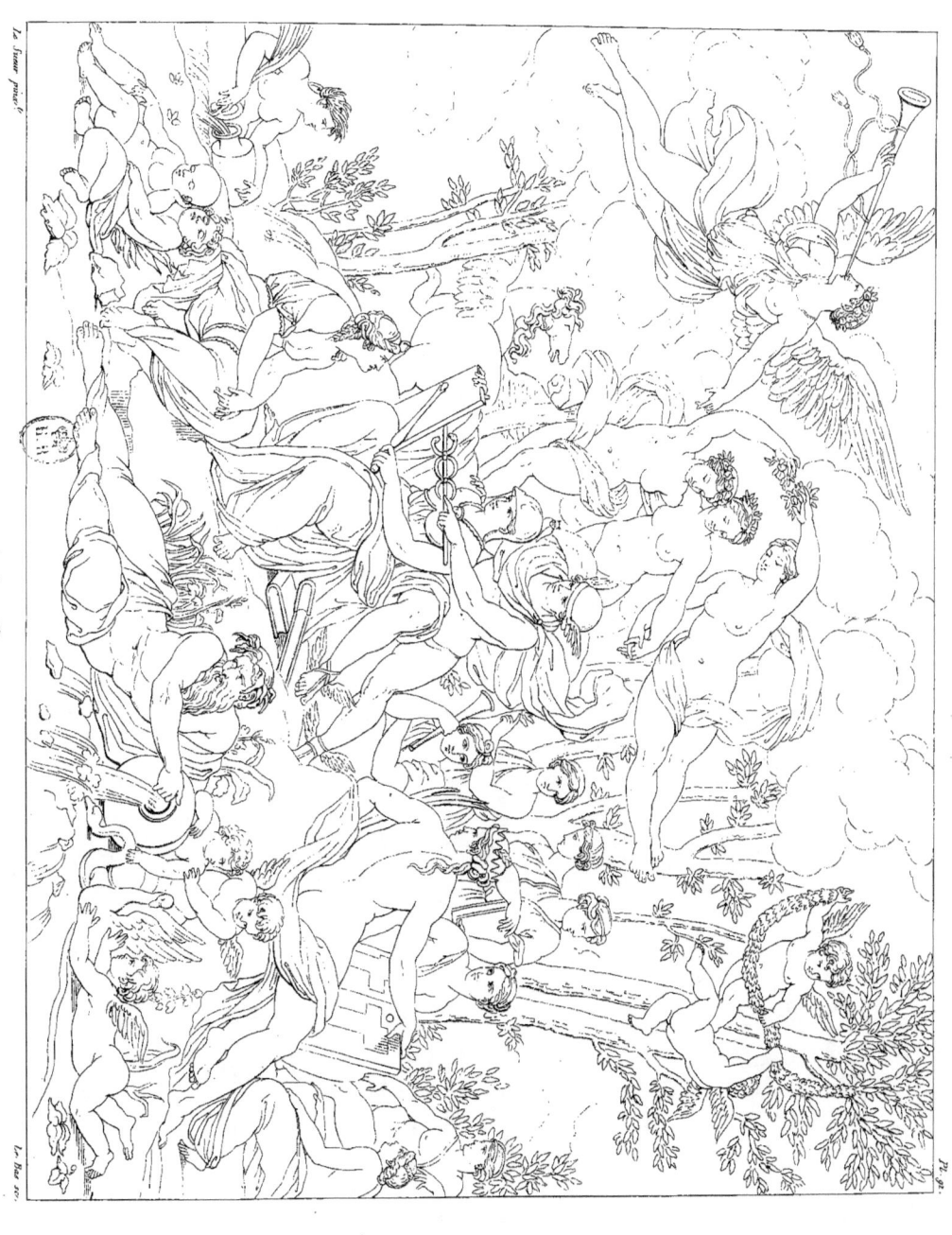

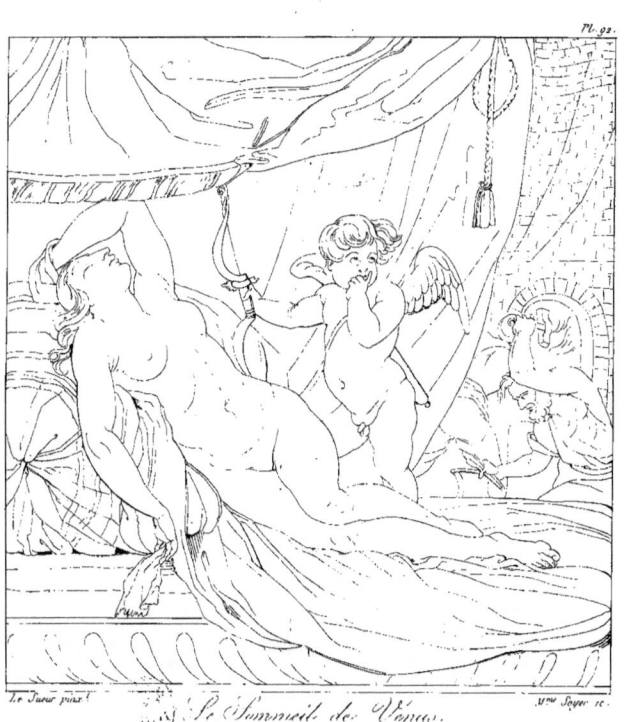

Le Sommeil de Vénus.

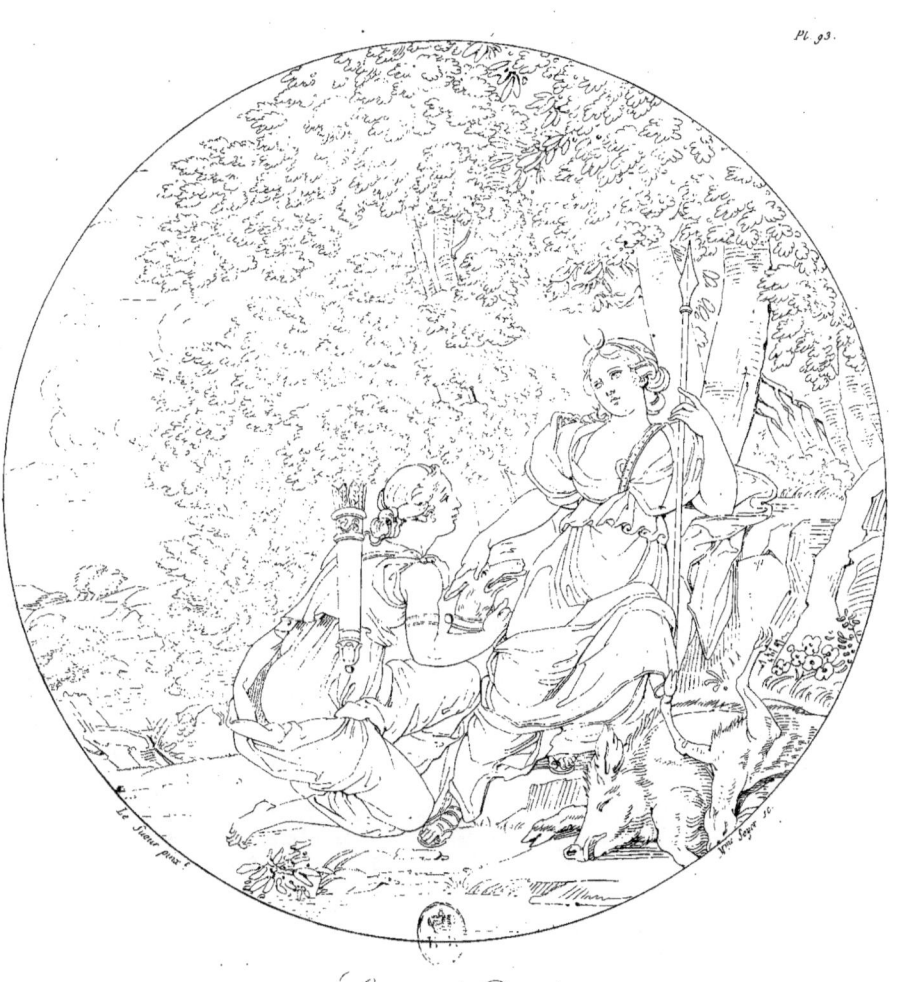

Le repos de Diane.

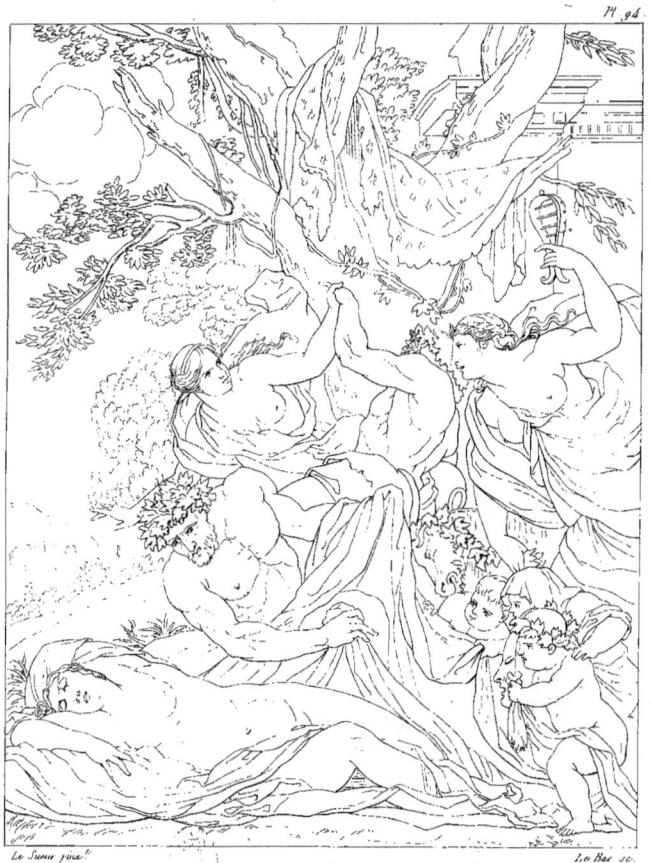

Jupiter et Antiope.

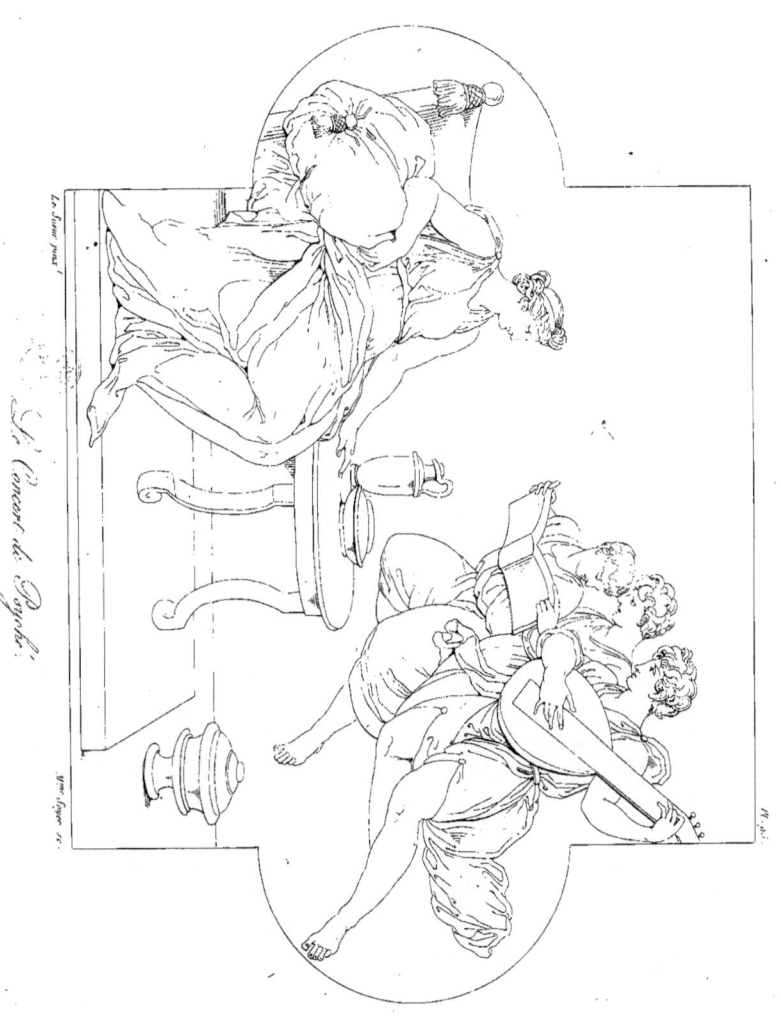

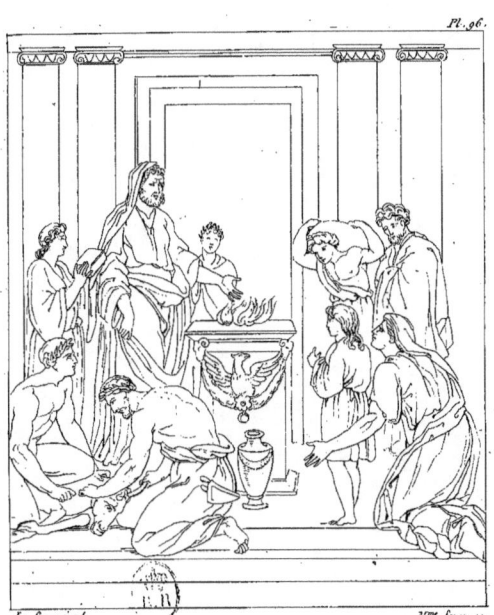

Sacrifice à Jupiter.

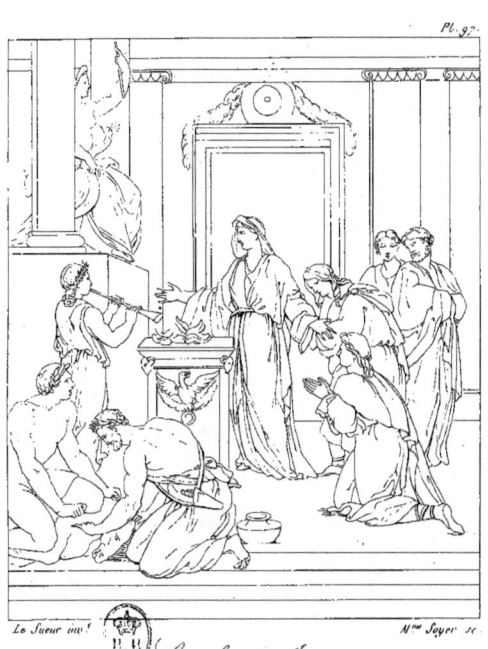

Sacrifice à Junon.

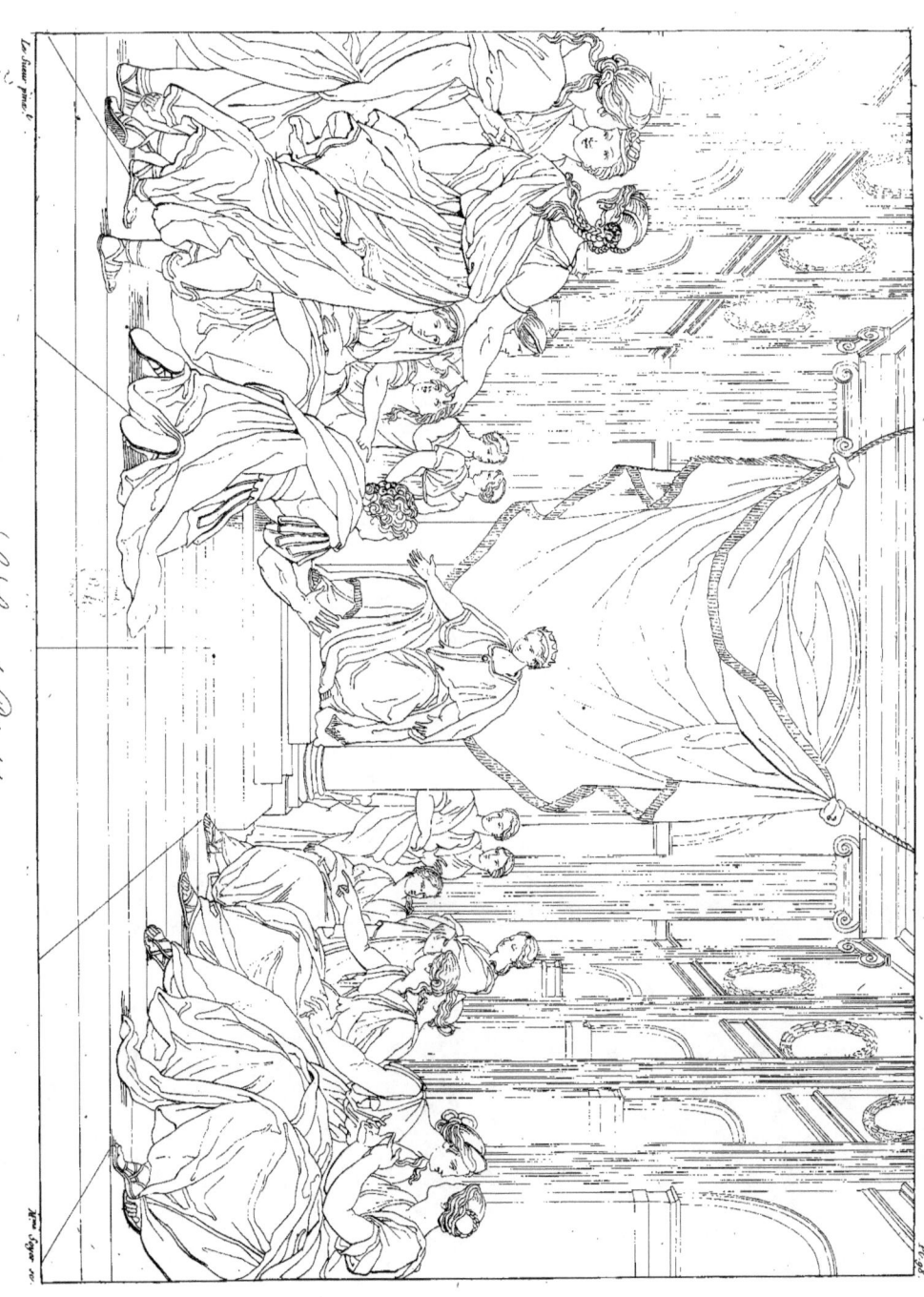

Le Songe de Polyphile.

Pl. 100.

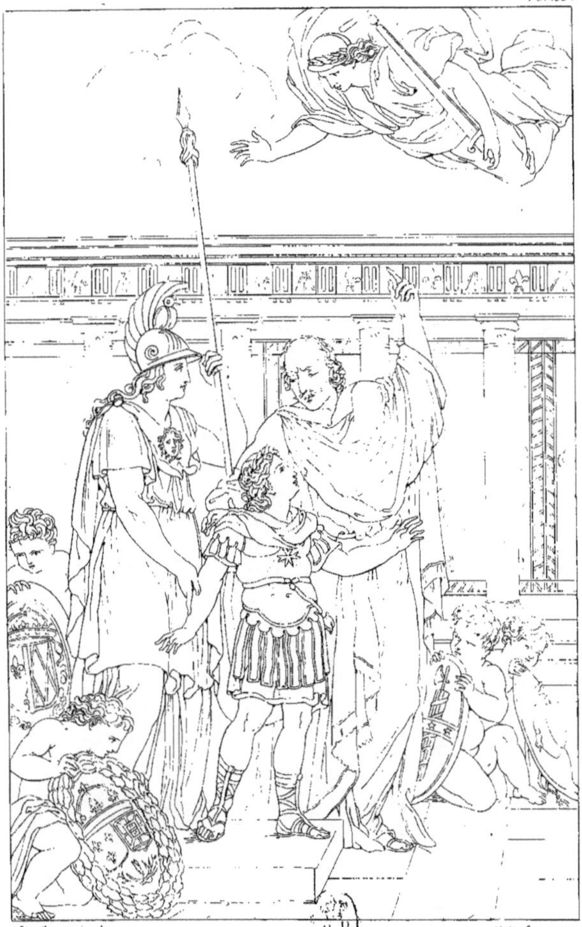

Le Sueur inv.t Mme Soyer sc.

Minerve, Louis XIV et le Cardinal Mazarin.

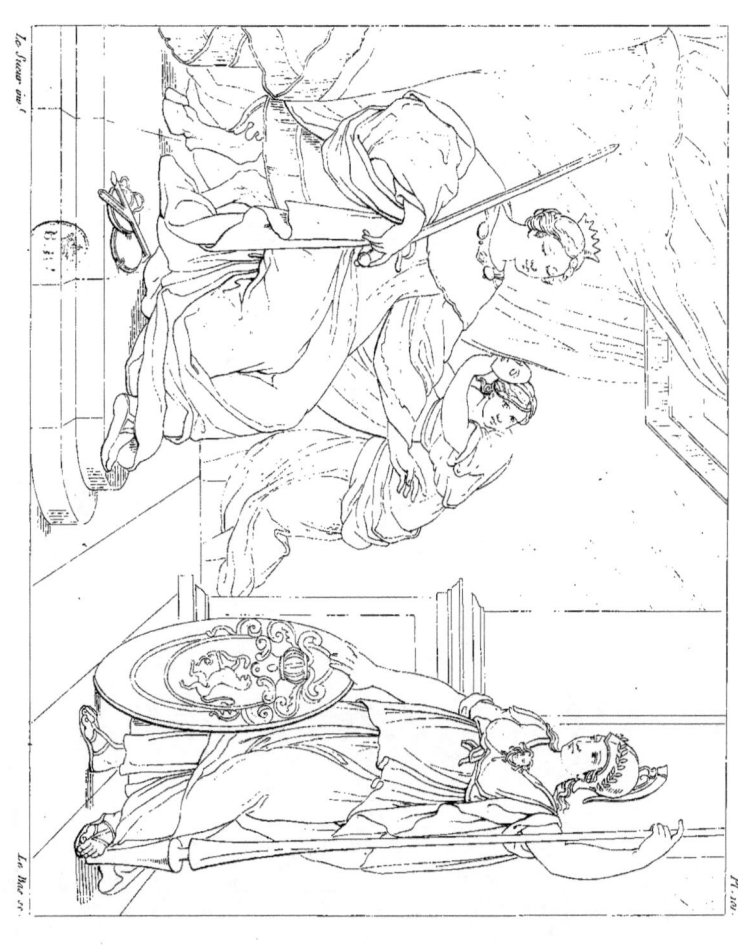

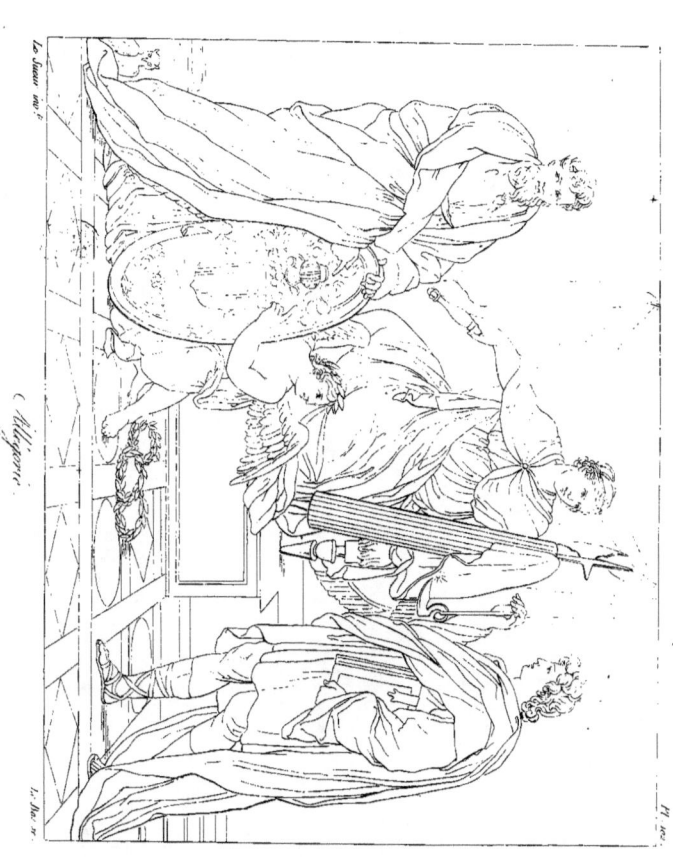

Pl. 103.

Le Sueur inv. *M.me Soyer sc.*

La vie du Duc de Montmorency.

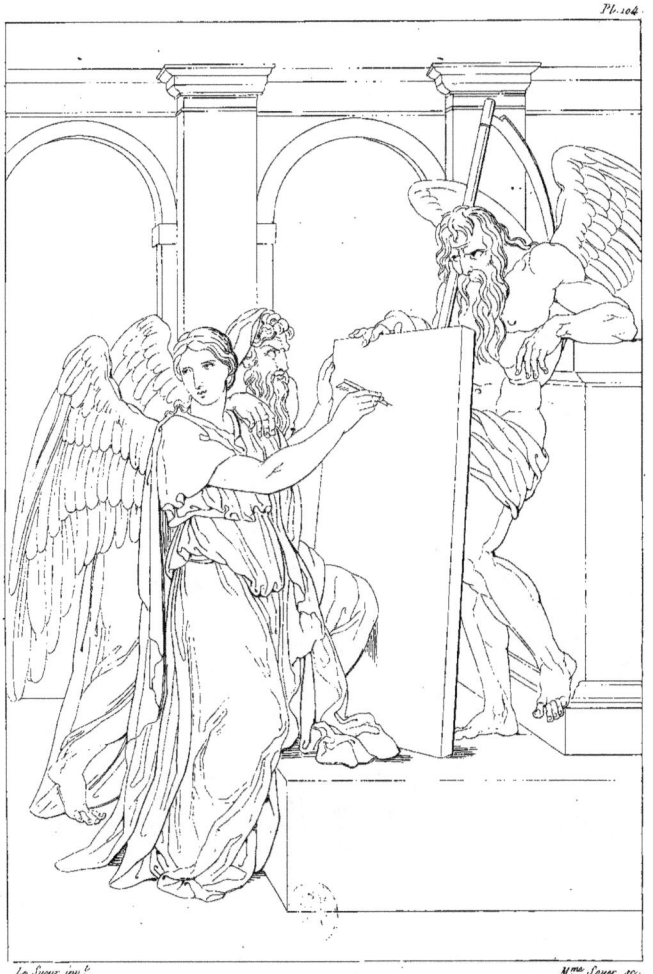

La Doctrine des mœurs.

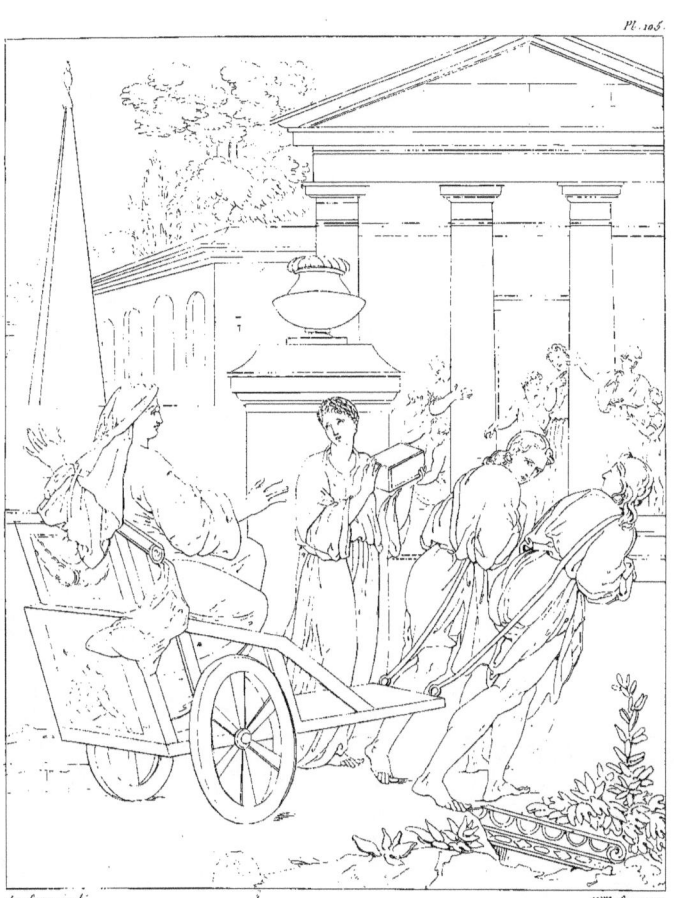

La Piété filiale.

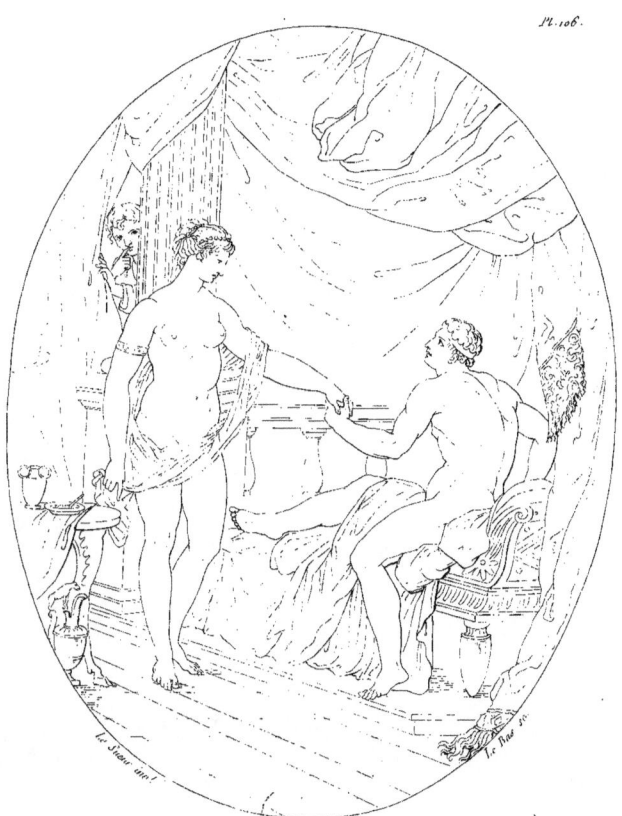

Imprudence du roi Candaule.

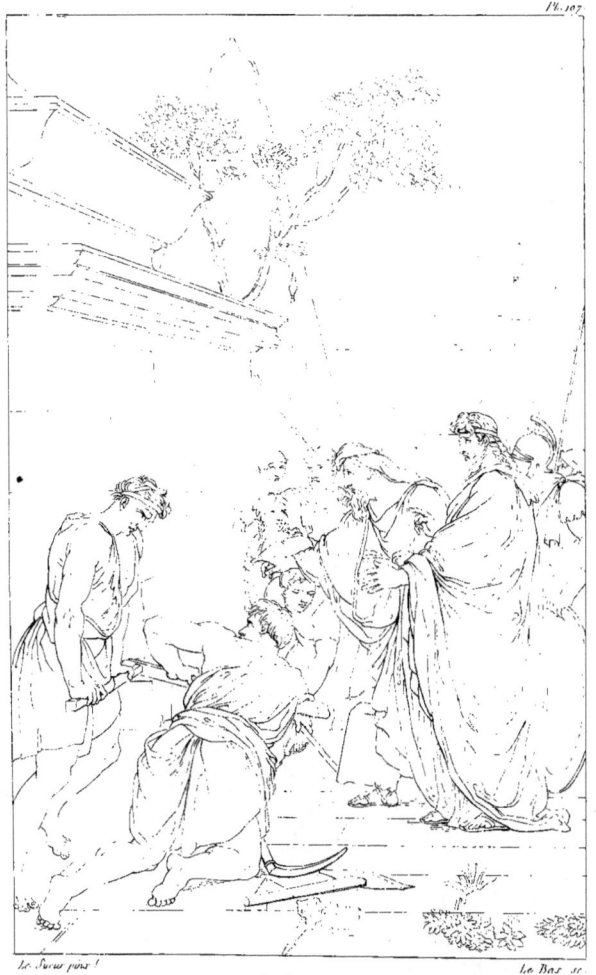

Darius fait ouvrir le tombeau de Nitocris.

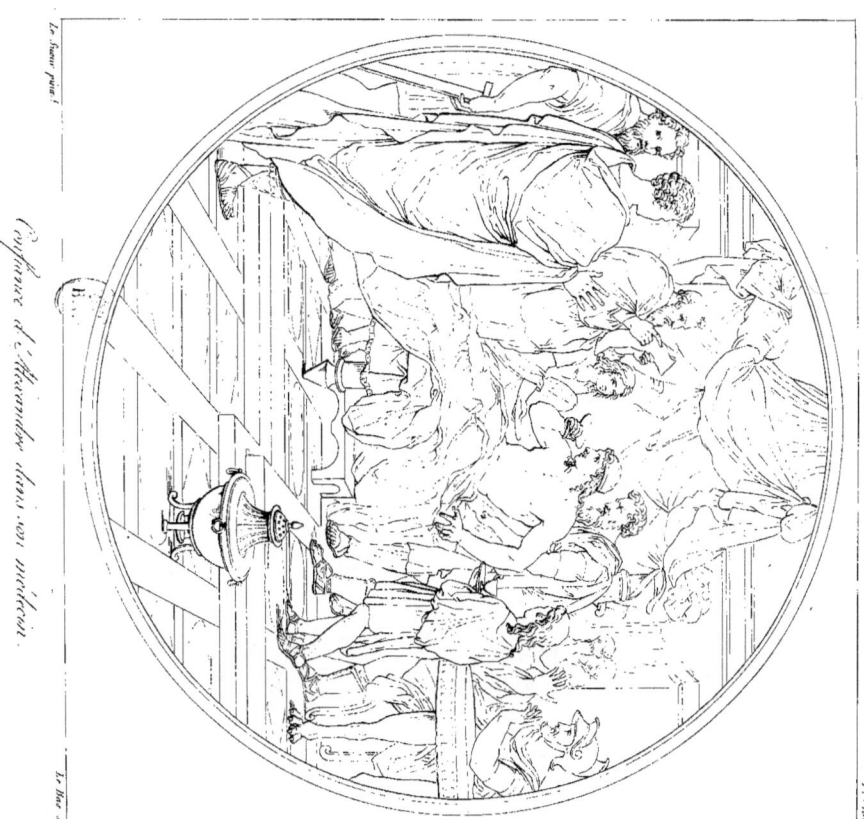

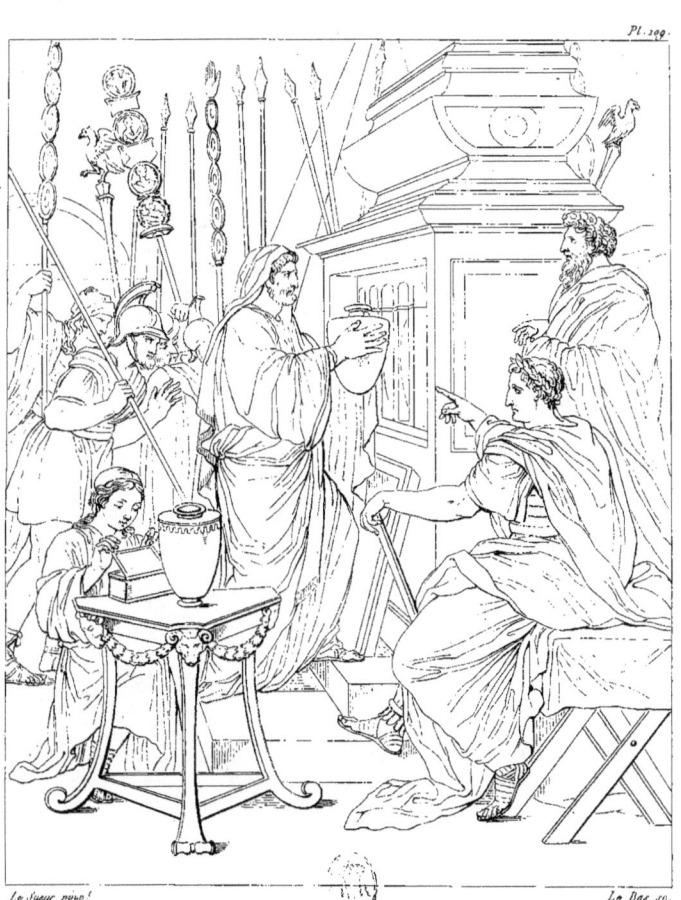

Néron faisant déposer les cendres de Germanicus.

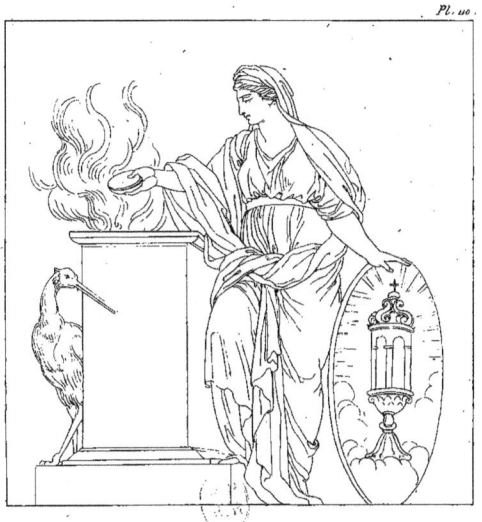

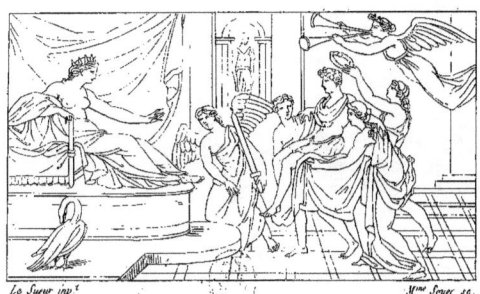

Allégorie.

NOTICE

SUR JEAN JOUVENET

ET

CHOIX DE L'ŒUVRE DE CE PEINTRE.

TABLE

DES SUJETS CHOISIS DE L'OEUVRE

DE JOUVENET.

PLANCHE Ire. LA RÉSURRECTION DU LAZARE. Ce Tableau et les trois suivans ont été exécutés pour l'église de Saint-Martin-des-Champs, à Paris; on les y a vus jusqu'à l'époque de la révolution; ils ont été depuis réunis au Musée Royal. Grav. *J. Audran.*

PL. II. LE REPAS CHEZ LE PHARISIEN. Grav. *G. Duchange.*

PL. III. LA PÊCHE MIRACULEUSE. Grav. *J. Audran.*

PL. IV. LES VENDEURS CHASSÉS DU TEMPLE. Grav. *G. Duchange.*

PL. V. LA PRÉSENTATION AU TEMPLE. Peint pour l'église de Sainte-Opportune. Grav. *Dossier.*

PL. VI. JÉSUS CHEZ MARTHE ET MARIE. Petit Tableau d'autel aux Pères de Nazareth. *Inédit.*

PL. VII. LA VISITATION DE LA VIERGE, ou *le Magnificat.* Tableau peint de la main gauche; à l'église de Notre-Dame. Grav. *H. S. Thomassin.*

PL. VIII ET DERNIÈRE. LA DESCENTE DE CROIX. Aux Capucines près de la place de Louis-le-Grand. Ce morceau, qui fait maintenant partie du Musée Royal, est peut-être le chef-d'œuvre du peintre. Grav. *Desplaces.*

Fin de la Table.

NOTICE

SUR

JEAN JOUVENET.

Jean Jouvenet, que l'on peut citer comme un des premiers peintres de l'Ecole Française, et placer immédiatement après le Poussin, Lesueur et Lebrun, naquit à Rouen en 1644. Son père, Laurent Jouvenet, peintre de cette ville, mais d'une famille originaire d'Italie, et depuis long-temps appliquée aux beaux-arts, lui donna les premières leçons de dessin. Son aïeul, Noël Jouvenet, avait eu l'avantage d'en enseigner les élémens au Poussin, son compatriote.

La nature avait doué Jean Jouvenet d'une grande vivacité de génie, et surtout de cette facilité d'exécution qui caractérise toutes les productions de son pinceau. Il vint à Paris à 17 ans, mit toute son application à l'étude de la nature, et se forma sans maître. A 29 ans il se fit connaître par un tableau, où l'on admirait également la fierté du dessin, la richesse de la composition et l'entente du coloris. Il le peignit pour l'église Notre-Dame : le sujet est *la Guérison du Paralytique.*

Charles Lebrun, que quelques écrivains ont faussement

accusé d'être jaloux des artistes dont le talent pouvait rivaliser avec le sien, fut un des premiers à reconnaître et à faire valoir le mérite de Jouvenet; il le présenta lui-même à l'Académie, qui le reçut en 1675 : Jouvenet avait alors 31 ans. Son tableau de réception est *Esther devant Assuérus*. Il se ressent de la manière du Poussin; c'était un des plus beaux de la salle des académiciens. Peu de temps après, Jouvenet fut nommé professeur de l'école du modèle, animant les élèves par son assiduité, et son exemple autant que par ses leçons; quelque temps ensuite directeur, enfin recteur perpétuel.

Il venait de terminer une Descente de Croix (*) et *le Martyre de Saint-André* aux Capucines; *le Martyre de Saint-Ovide* à Saint-Roch, et trois plafonds à l'hôtel de Saint-Pouanges, lorsqu'il entreprit les quatre fameux tableaux de Saint-Martin-des-Champs (**), ouvrages qui, pour la beauté de l'ordonnance, le mouvement et l'expression des personnages, la vigueur de l'effet et la fermeté de la touche, sont dignes d'être placés près de ceux des plus grands maîtres. Louis XIV ayant voulu les voir avant qu'ils ne fussent exposés au lieu de leur destination, on les lui porta à Trianon; et il en fut si satisfait, qu'il ordonna au peintre de les recommencer pour être exécutés en tapisserie. Au lieu de se copier servilement, Jouvenet varia ses sujets, y ajouta plusieurs figures; et ces derniers morceaux, conservés aux Gobelins, n'étaient pas moins estimés que les premiers. C'est cette tenture que choisit le czar Pierre Ier

(*) Voyez planche 8.
(**) Voyez planches 1, 2, 3 et 4.

lorsqu'étant allé aux Gobelins, en 1717, le duc d'Antin lui offrit de la part du Roi celle qui lui ferait le plus de plaisir.

Mandé à Rennes, en 1696, il y peignit le plafond de la chambre du conseil du Parlement. Il exécuta plusieurs autres plafonds dans cette ville et dans un château des environs : tous les sujets sont tirés de la fable. Des tableaux lui furent commandés pour les églises de Rennes, mais il les peignit à Paris. A cette époque, le Roi lui accorda une pension de 1200 livres. A son retour de Bretagne, en 1698, Jouvenet reçut de nouvelles marques de la munificence royale. Il fut choisi, en 1702, pour peindre à fresque les douze Apôtres au-dessous de la coupole de l'église des Invalides. Ces figures sont d'un très-bel effet. On voulait qu'il peignît la chapelle Saint-Ambroise, dans la même église, dont la peinture, mal exécutée par Poerson, avait été abattue : Jouvenet s'y refusa par délicatesse. Un autre fut chargé de ce travail.

Chaque jour augmentait la renommée de Jouvenet, et tous les grands ouvrages lui étaient destinés. Il peignit dans la chapelle de Versailles, au-dessus de la tribune du Roi, la descente du Saint-Esprit sur les Apôtres, une suite de l'histoire de S. Louis dans une chapelle, et deux tableaux dans l'église des Récolets de cette ville, *le Centenier* et *la Résurrection du Fils de la veuve de Naïm.* Lorsque ces travaux furent terminés, le Roi augmenta sa pension de 500 livres, en 1709, et l'aurait nommé son premier peintre, s'il ne se fût pas trouvé contemporain de Lafosse, de Coypel et des Boullongnes.

Ainsi que Lesueur, Jouvenet n'a pas vu l'Italie, et ne dut, comme lui, qu'à son propre génie son élévation et ses succès. Cependant il fut au moment d'entreprendre ce voyage tant desiré. Lorsqu'il eut fini la chapelle de Versailles, le duc de Vendôme obtint du Roi que ce peintre irait en Italie aux dépens de Sa Majesté. Jouvenet s'y préparait avec joie lorsqu'il fut attaqué de la goutte, et dans l'impossibilité d'exécuter son projet.

En 1713, étant tombé en paralysie du côté droit, après une furieuse attaque d'apoplexie, il désespéra de pouvoir jamais reprendre ses pinceaux. Il alla prendre les eaux de Bourbon, qui l'avaient soulagé vingt ans auparavant; il en revint aussi infirme qu'il y était allé. Il n'avait guère d'autre amusement que de voir peindre Restout, son neveu et son seul élève. Voulant un jour retoucher de la main droite un de ses tableaux, il le gâta; et, dans son impatience, il essaya de réparer de la main gauche l'effet de sa maladresse. A son grand étonnement il réussit; et, à force de répéter cet essai, il parvint enfin à se servir de sa main avec assez de facilité pour entreprendre les plus grands ouvrages. Cependant il dessina toujours de la main droite, qu'il aidait quelquefois de la gauche pour donner les coups de force.

C'est de cette main qu'il exécuta le plafond d'une des chambres du Parlement de Rouen. Le duc d'Orléans vint voir ce morceau au collège des Quatre-Nations, où Jouvenet l'avait peint, et il lui témoigna, dans les termes les plus flatteurs, son admiration et sa surprise.

Dans le même temps qu'on plaçait son plafond à Rouen, Jouvenet peignit *le Magnificat* pour le chœur de Notre-Dame de Paris, et rien n'y annonce une main inexpérimentée. Ce tableau est d'une composition riche et singulière, d'un grand goût de dessin et d'un ton vif et harmonieux. Il n'eut pas la satisfaction de le voir mettre en place, étant mort quelques jours après l'avoir terminé, en 1717, âgé de 73 ans. Il était resté long-temps veuf, et ne laissa que des filles. Il eut trois frères, dont l'un mourut au service de l'électeur d'Hanovre, pour lequel il avait fait plusieurs ouvrages estimés; un autre était mort très-jeune. Le troisième s'était adonné au portrait, et avait été reçu à l'Académie.

Jouvenet était grand et bien fait; il avait des traits mâles; ses yeux annonçaient un esprit vif et pénétrant, un jugement solide. Il joignait à une mémoire heureuse une conversation aimable et enjouée : ces qualités étaient soutenues par la franchise du caractère et par des sentimens de probité qui le firent aimer de tout le monde.

On remarque dans les ouvrages de ce peintre une manière fière et ressentie, des attitudes vraies, des expressions vives, un dessin ferme et assez correct, qui ne laisse à desirer qu'une plus grande pureté de contours et des formes un peu moins heurtées; sa composition est riche et abondante, ses effets de lumière sont largement prononcés, son clair-obscur est bien entendu, son coloris, auquel il manque un peu plus de finesse, de transparence et de variété, est chaud et vigoureux; et, sous ce rapport, il paraît l'emporter de beaucoup sur les trois plus grands maîtres de notre école, le Poussin, Lesueur et Lebrun, auxquels seuls il est inférieur pour la noblesse et la pureté du style.

Il a également traité les sujets de sainteté et d'histoire, l'allégorie, le portrait; il préférait les grandes compositions aux tableaux de chevalet : aussi a-t-il peu laissé de ces derniers. L'étonnante facilité et la promptitude avec laquelle il opérait lui ont fourni le moyen d'achever les entreprises les plus importantes : le nombre de ses tableaux est considérable.

Outre ceux que nous venons de citer, ou dont la gravure est jointe à cette notice, Jouvenet peignit *l'Annonciation*, une *Nativité*, *l'Adoration des Mages*, dans l'église des Jésuites, et *la Famille de Darius*, pour la même maison ; un *Crucifiement*, dans le couvent des Filles de la Croix, rue de Charonne; *l'Extrême-Onction*, dans la salle des Marguilliers à Saint-Germain-l'Auxerrois; dans l'église des Grands-Augustins, *l'Ombre de S. Pierre qui guérit les malades* ; à Saint-Paul, *l'Ascension de Notre-Seigneur;* aux Quatre-Nations, trois grands ronds au-dessus des trois autels ; à l'hôtel Saint-Pouanges, outre les trois plafonds dont nous avons parlé, un tableau représentant *le Sacrifice d'Iphigénie;* dans l'église de Saint-Etienne, *Notre-Seigneur au jardin des Oliviers;* dans l'ancienne paroisse de Versailles, à la chapelle de Saint-Nicolas, trois tableaux de l'histoire de ce saint. Jouvenet peignit encore plusieurs tableaux pour la décoration des châteaux de Versailles, de Trianon, de Meudon et de Marly.

Son tableau de *la Descente de Croix* et celui de *l'Extrême-Onction* ornent la première salle de la grande galerie du Musée royal. On y a joint un fort beau tableau de chevalet, représentant l'intérieur de l'église de Notre-Dame. Il le fit pour un chanoine de ses amis, qu'il y a peint descendant de l'autel.

F I N.

La Réssurection du Lazare.

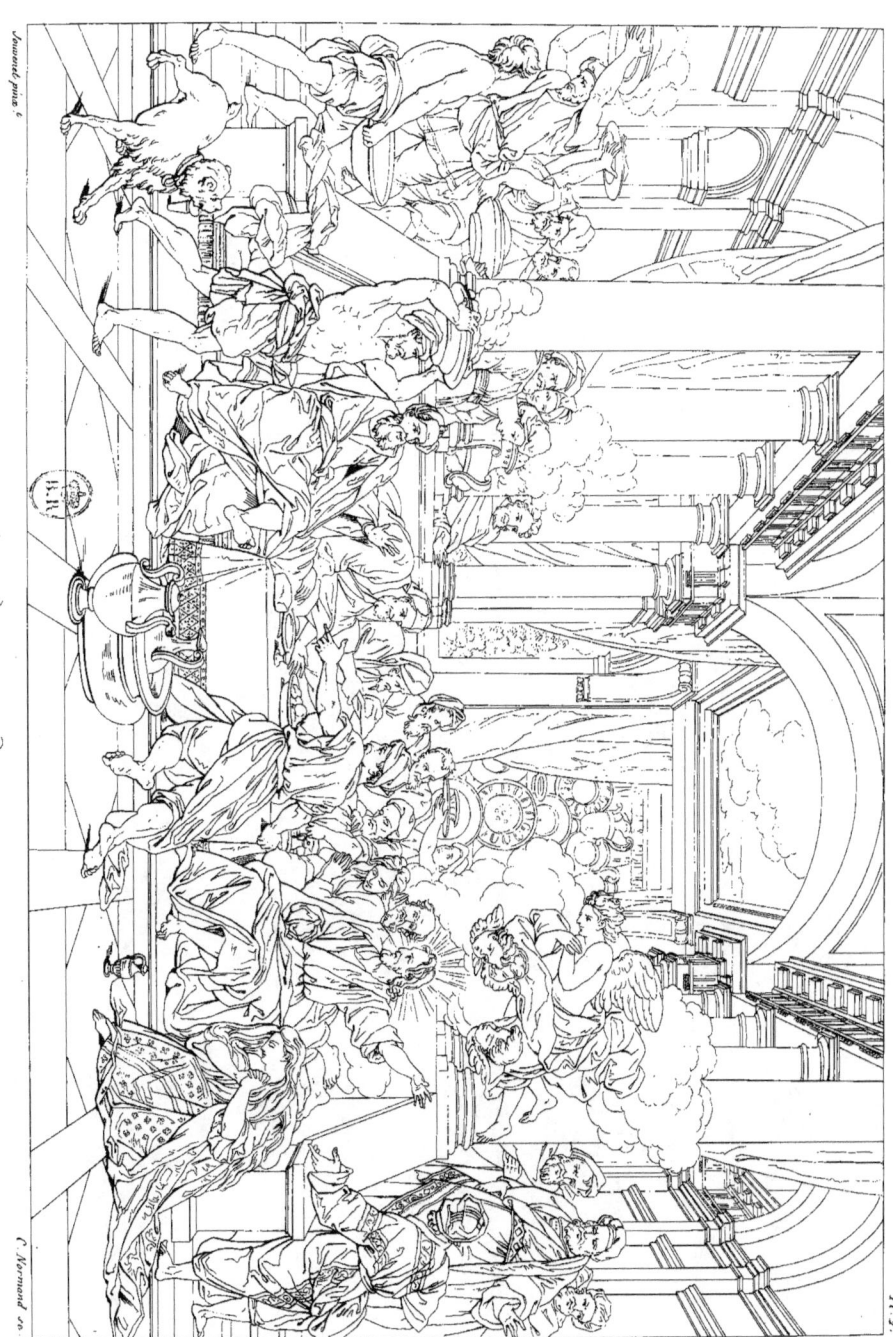

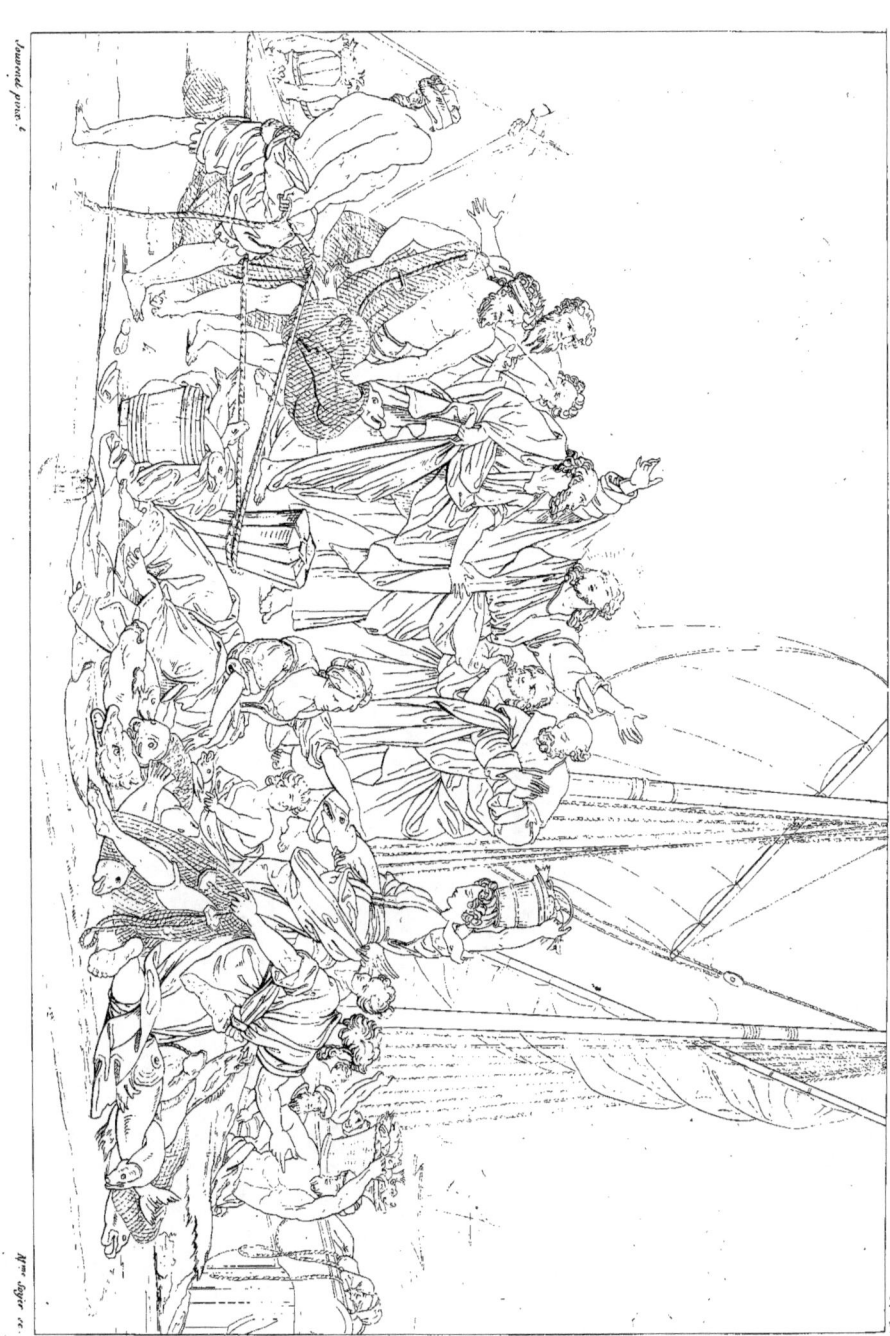

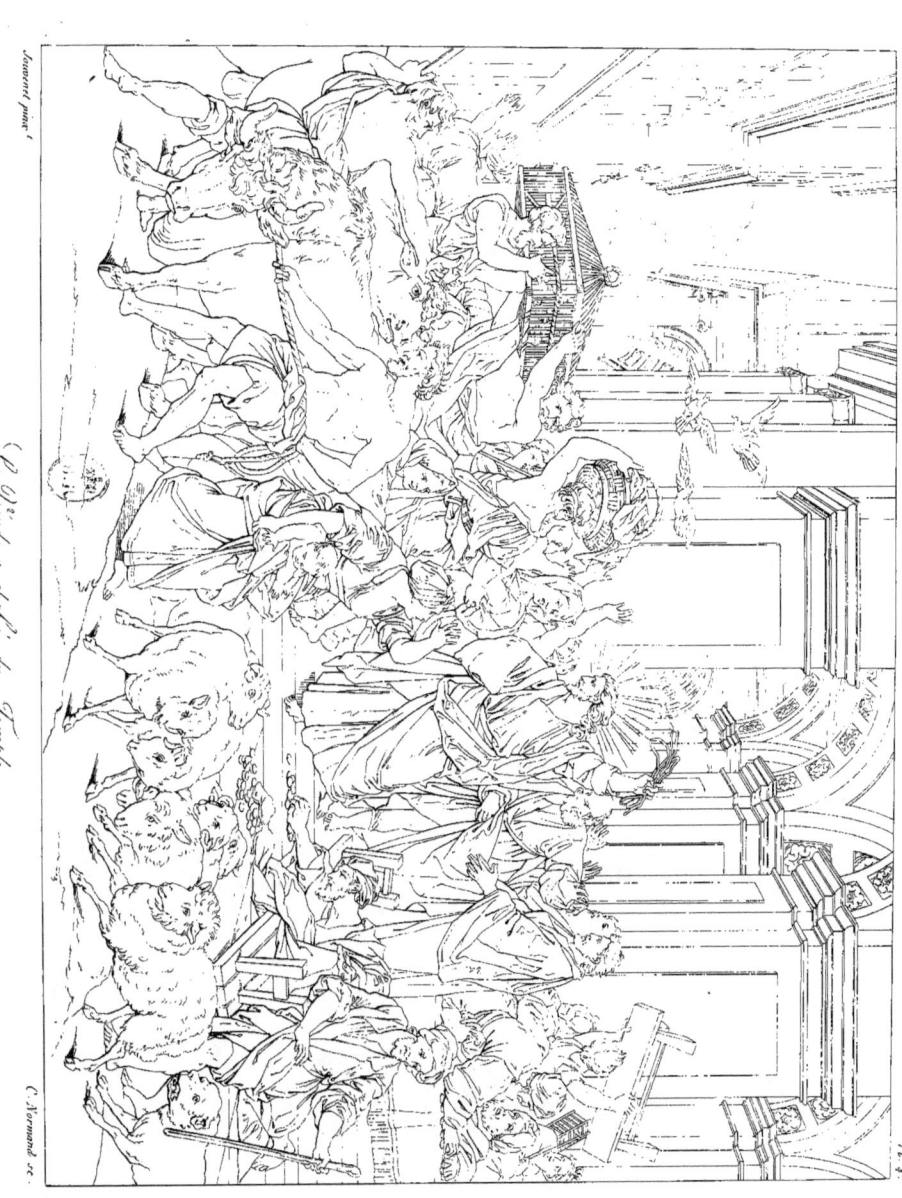

Jouvenet pinx.t C. Normand sc.

Les Vendeurs chassés du Temple.

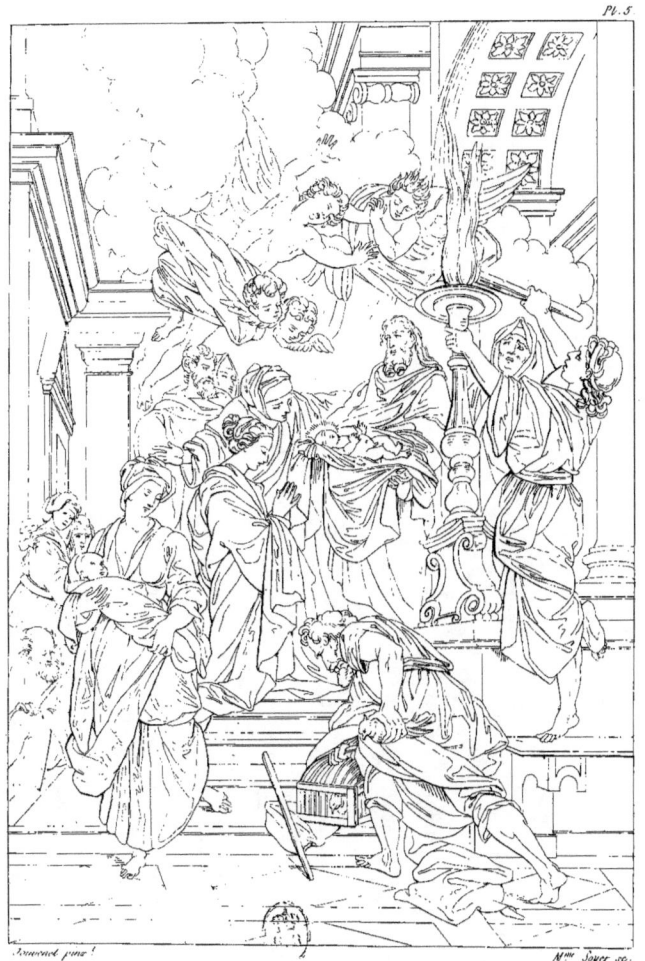

La Présentation au Temple.

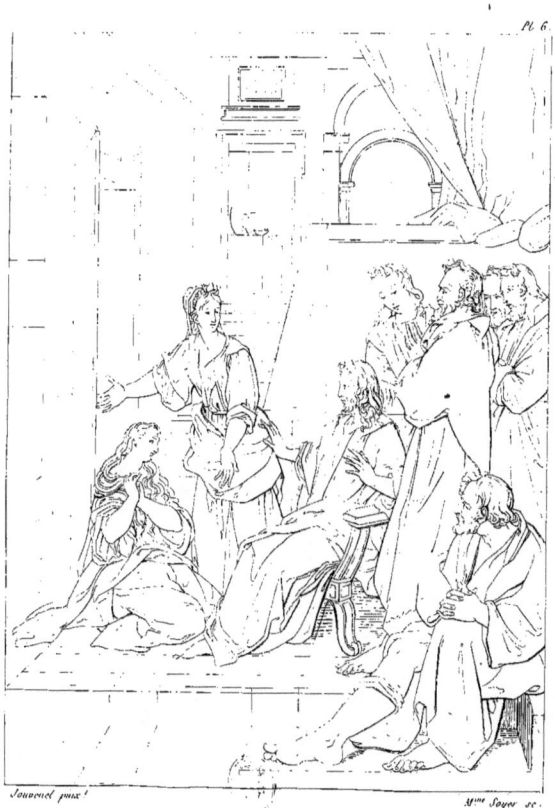

Jésus chez Marthe et Marie.

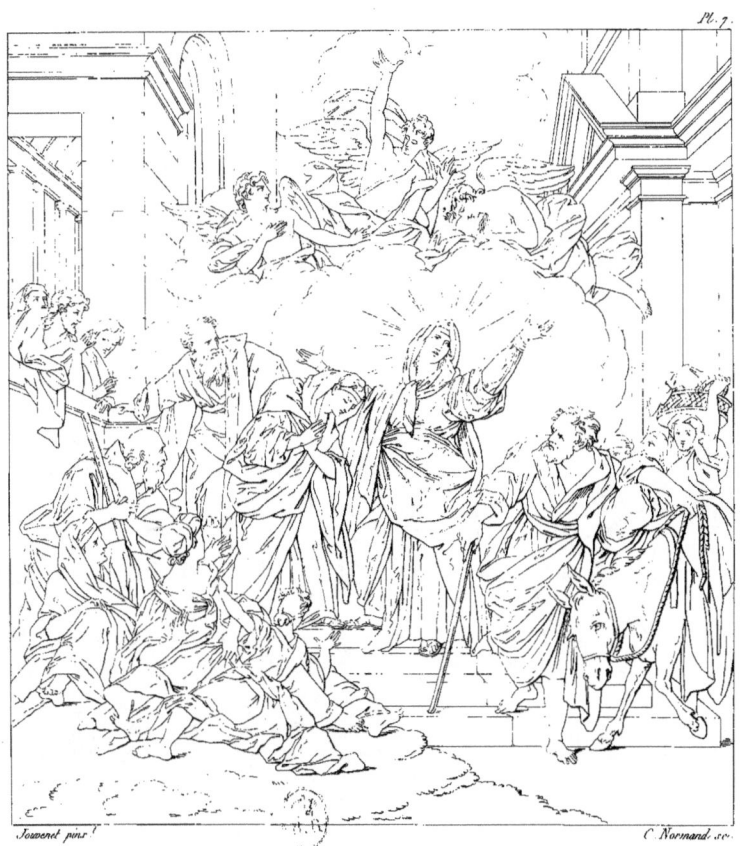

La Visitation de la Vierge ou le Magnificat.

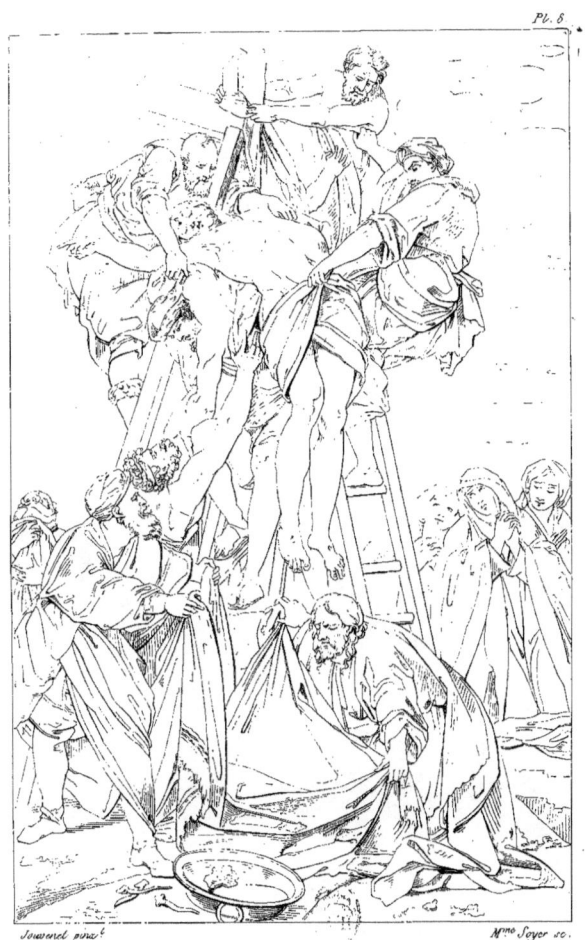

La Descente de Croix.

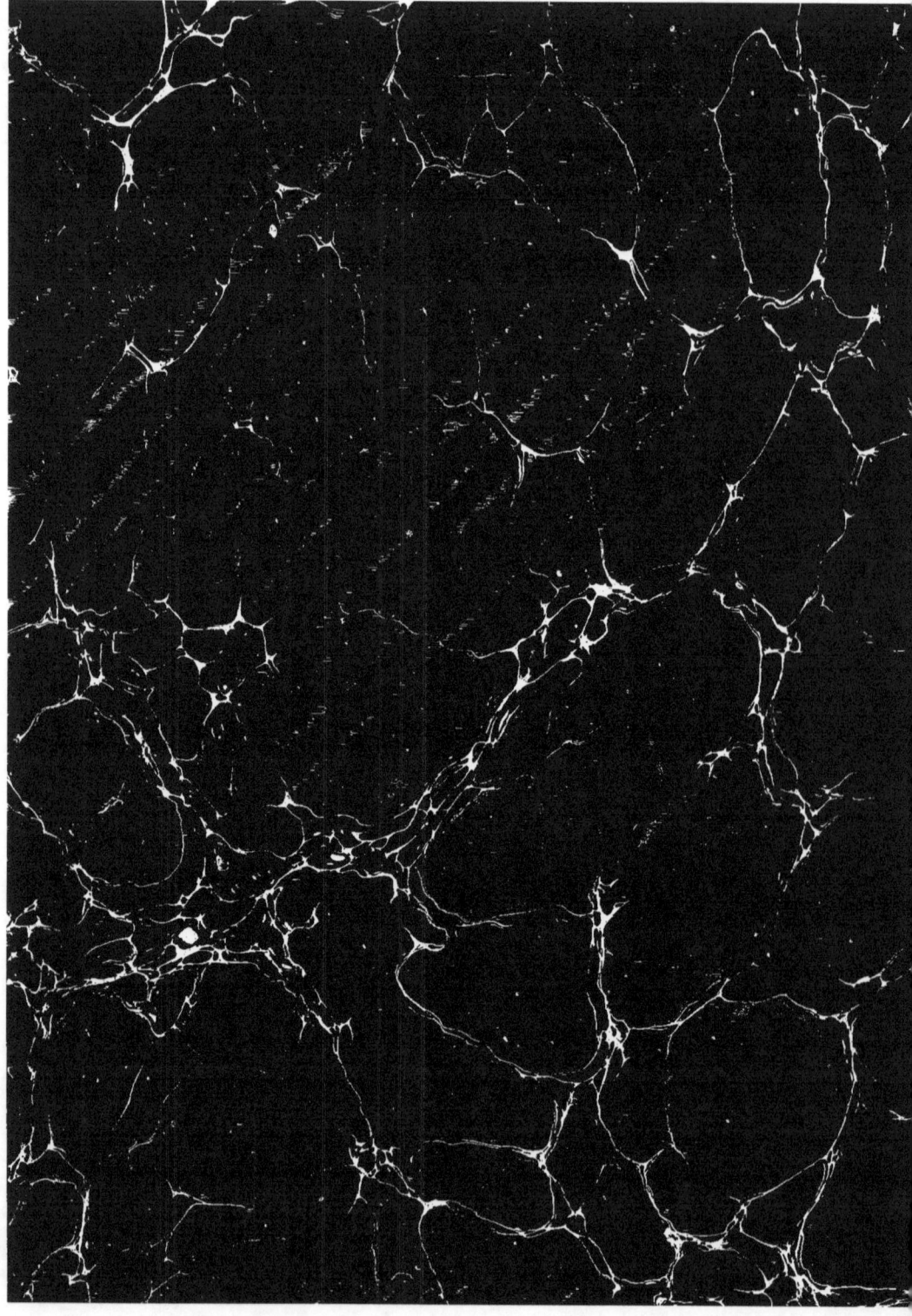

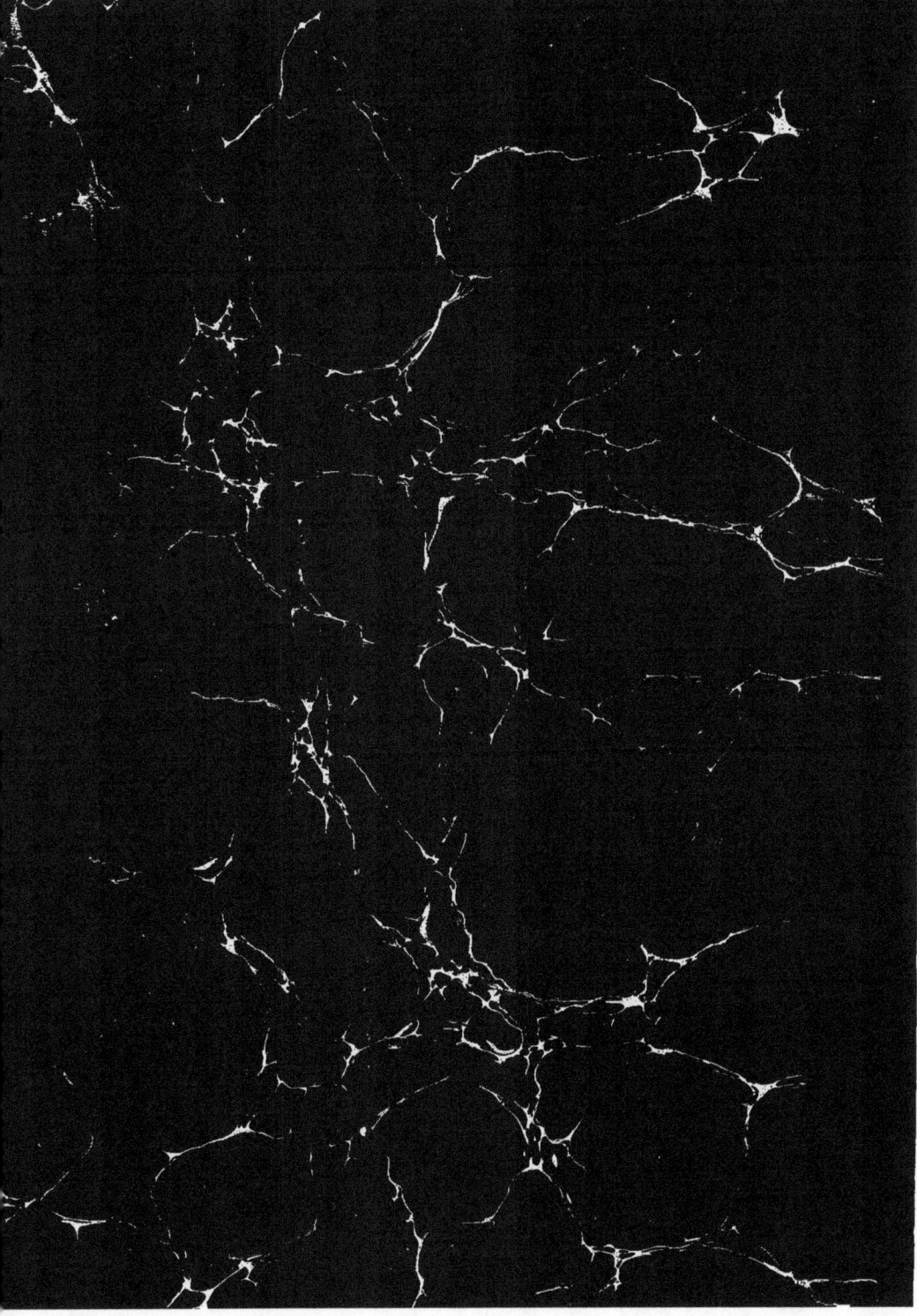

www.ingramcontent.com/pod-product-compliance
Lightning Source LLC
Chambersburg PA
CBHW070250230526
45470CB00002B/545